YOUTUBEURS 3

Publié avec les autorisations des Éditions de La Bagnole

Directeur de collection et direction littéraire : Pierre Szalowski
Révision linguistique : Patricia Juste
Conception graphique : Yanick Nolet
Correction : Caroline Hugny
Mise en page : Axel Pérez de León et Sarah Belleville

Rue de la Blanche Borne 15
6280 Gerpinnes (Loverval) – Belgique
www.kenneseditions.com

Adaptation et lexique : Cassandre Sobieski

Dépôt légal : janvier 2020 – D/2020/13.105/09

ISBN : 978-2-8758-0770-0
NUART : 76-4098-6

Imprimé en Europe

YOUTUBEURS 3

NUMÉRO 1 SUR TA PLAYLIST

OLIVIER SIMARD

Kennes

0.00 / 1.20

« What's up, *chers abonnés ?! Ici Henri Oh my God, pour vous servir ! Bon. Là, approchez votre tête de l'écran et mettez le volume au max... Cet été, je vais y aller yolo * à fond. Mais là, je parle pas de casser des pastèques avec mon crâne ou de boire de la purée de Têtes Brûlées. Tout ça, c'est pour les enfants. Pour vous, chers abonnés, je vais repousser les limites de l'extrême et réaliser des trucs complètement cinglés qui vont vous donner des frissons. J'espère que vous êtes prêts pour le nouveau Henri Oh my God. Le Henri OMG version de course ! Là, vous vous demandez tous quel sera mon premier challenge. Comme premier défi de FOU, j'ai décidé... de battre un record !*

LE RECORD MUNICIPAL DE *JUST DANCE* !!!

* Yolo - Abréviation de l'expression anglaise « You Only Live Once » qui signifie « on ne vit qu'une fois ».

Abonnés 207

» L'idée, c'est qu'on soit un grand groupe à la même place et qu'on fasse une chorégraphie, tout le monde en même temps, pour créer un effet spectaculaire jamais vu auparavant. Je le sais, vous vous dites que c'est complètement dingue. Vous avez raison !!! Si vous avez envie de participer à un événement HISTORIQUE, c'est le moment ! Et si vous êtes pas encore abonnés à Henri OMG, la chaîne YouTube la plus YOLO sur internet, perdez pas une seconde de plus !! À vos likes, prêts, partez !!! Je vous aime ! Bye ! »

Britanny Aruda

OMG, à JUST DANCE c'est toi le best !!!

J'aime Commenter

Clara

Yo, moi je suis PARTANTE !!!!

J'aime Commenter

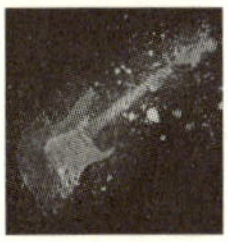

Dave

Hahahahaha ! « Yolo » ! Ça fait mille ans que j'ai pas utilisé cette vieille expression !!! Looooollllll !!!!! Mais je vais être là, Henri, compte sur moi.

J'aime Commenter

Manga Boy

Trop partant pour un record municipal de Just DANCE !

J'aime Commenter

Pierre Blanchette

Wow, Henri, quelle bonne idée !!
C'est un rendez-vous !

J'aime   Commenter

Steeeevveeee

Lol. Je déteste ce jeu.

J'aime   Commenter

Eden Joseph

Lol toi-même.

J'aime   Commenter

Louis F

C'est quoi Just Down ?

J'aime   Commenter

Maggie

Non, c'est « Just Dance ».
Un jeu sur Xbox.

J'aime   Commenter

Louis F

Ah, ok.

J'aime   Commenter

LES ORTEILS DE MA MÈRE SONT DÉPRIMÉS

Au milieu de la piscine, ma mère est assise sur son nouveau fauteuil flottant de luxe. Elle applique du vernis noir sur ses ongles d'orteils, donnant ainsi à ses pieds un petit look *emo*.

— Henri, as-tu vérifié le pH de la piscine ?

Vérifier le pH de la piscine, c'est ma responsabilité pendant les vacances. Je dois le faire une fois par semaine. En théorie.

— J'ai un truc à finir, maman. Je fais ça tout à l'heure, promis juré.
— Henrichou, tu me l'as déjà promis juré hier. Et avant-hier. Ça serait bien que tu passes en mode action.
— Oui, oui. Promis juré.
— Je veux pas me retrouver avec du zona dans le décolleté, comme Denise Prudhomme.

Je n'ai jamais rencontré Denise Prudhomme. Par contre, quand ma mère s'inquiète pour sa santé, c'est l'exemple qu'elle utilise le plus souvent :

Ce que ma mère ne veut ABSOLUMENT pas :

- Attraper une gingivite infectieuse… comme Denise Prudhomme.
- Trouver des poils incarnés derrière sa cuisse… comme Denise Prudhomme.
- Avoir une mycose jusqu'aux chevilles… comme Denise Prudhomme
- Se retrouver avec du zona dans le décolleté… comme Denise Prudhomme.

Malheureusement pour le décolleté de ma mère, vérifier le pH de la piscine ne fait pas partie de mes priorités aujourd'hui. Depuis ce matin, je prépare mon dossier pour m'inscrire au FABfest, le festival officiel des youtubeurs. Chaque année, des milliers d'adolescents se rendent là pour rencontrer leurs web-vedettes préférées. Norman, Squeezie, Natoo et les autres. Participer à un événement de ce calibre, en compagnie de toutes ces légendes du web, ça serait juste trop fou. Et pourquoi pas ? Je viens de dépasser le mythique plateau des 200 abonnés. Mes vidéos ont cumulé un grand total de presque 4 000 vues. Si j'ajoute à ça un record municipal de *Just Dance*, je suis convaincu que j'ai des chances.

Pendant que je relis mon dossier pour être certain de n'avoir rien oublié, Charlie sort de la maison en maillot de bain. Dans ses bras, elle transporte le petit nouveau de la famille, son prince charmant : Chris Pratt, l'iguane nain.

LES FEUX DE L'AMOUR, VERSION CHARLIE BASTIEN

Après une relation à distance qui a duré plusieurs mois, Charlie et Chris Pratt ont finalement été réunis. C'est arrivé subitement. Un soir, sans prévenir, ma mère est revenue du travail avec le vivarium de Chris dans sa voiture. Encore aujourd'hui, personne ne sait ce qui lui est passé par la tête. Peut-être qu'elle voulait réunir Charlie et son âme sœur, comme Allie et Noah, les amoureux du film *The Notebook*. Peut-être aussi que Chris Pratt était en vente à 50 % et qu'elle ne pouvait tout simplement pas rater cette aubaine. Une chose est sûre : depuis qu'il habite ici, ma sœur et lui sont inséparables. Le matin, quand Charlie mange ses céréales en lisant *Science & Vie Junior*, Chris s'assoit paisiblement à ses côtés. Quand il fait la sieste, Charlie n'entre pas dans sa chambre, de peur de le déranger. Hier, ils sont allés se promener au parc. L'amour entre eux brûle d'un feu ardent, comme au premier jour. Même si, parfois, la ligne est mince entre amour et dépendance affective…

Trois preuves que Charlie est dépendante affective

1. Elle garde une photo de Chris avec elle en tout temps.
2. Elle est jalouse si Chris démontre trop d'affection envers une autre personne qu'elle.
3. Elle boude si Chris s'endort pendant qu'elle est en train de lui parler.

BERMUDA – NIVEAU EXPERT

— Chris et moi, on va se baigner. As-tu envie de jouer à Marco Polo avec nous ?
— Désolé, Charlie, j'ai une urgence.
— C'est quoi, ton urgence ?
— Je t'expliquerai une autre fois, OK ? Là, je suis à 7 % de batterie.
— Ah, s'il te plaît ! Ça fait SUPER longtemps qu'on a pas joué.

Charlie reste à côté de moi. J'essaie de l'ignorer, mais ce n'est pas évident.

— Savais-tu que la cyberdépendance frappe un adolescent sur quatre ?
— Quoi ?
— Je sais. C'est des chiffres alarmants, mais les études sont claires.
— Charlie, je t'ai dit que j'avais une urgence. Peux-tu, s'il te plaît, arrêter de me psychanalyser ?
— Anxiété en l'absence d'un ordinateur, irritabilité, diminution de l'activité physique… T'as tous les symptômes.

Du haut de son fauteuil flottant, ma mère s'en mêle :

— Henrichou, ta sœur a pas tort. Regarde, aujourd'hui, il fait super beau, mais t'es branché sur l'ordi depuis que t'es levé. Va donc un peu jouer dehors.
— Maman, je SUIS dehors.
— Hashtag vie active !

Charlie revient à la charge :

— Honnêtement, c'est quand, la dernière fois que t'as fait du sport ?
— Hier soir, j'ai joué au tennis pendant au moins une heure.
— Henri, jouer au tennis sur la Wii, ça compte pas comme un sport.

Autres sports que je pratique pour rester en forme

1. Mini sprints jusqu'au frigo
2. Dangereuse course à obstacles pour enjamber les vêtements qui traînent dans ma chambre
3. Netflix professionnel
4. Chaise à roulettes extrême
5. Marche de rue (*Street walking*)

Je n'ai plus le temps de débattre avec Charlie. Il me reste 6 % de batterie et mon dossier pour le FABfest n'est pas encore au point. Ma sœur et son iguane disparaissent sous l'eau mais, au moment où je vais me remettre au travail, j'entends à nouveau le glissement de la porte fenêtre. Benoit St-Jean, père de Noémie et nouveau copain de ma mère, apparaît à côté de moi. Il porte une de ses tenues classiques. Un pantalon avec des *zips* autour des genoux. Une invention astucieuse qui permet de le transformer instantanément… en bermuda. Benoit s'adresse à ma mère en brandissant un paquet d'étranges objets qui ressemblent à des bâtons de ski alpin.

— Anne ! J'ai finalement trouvé les bâtons à guimauves en acier dont je te parlais. En plus, ils brillent dans le noir ! Ça va être un camping de rêve !

Le week-end prochain, on va tous camper dans un « petit coin de paradis » où Noémie et son père vont depuis qu'elle a cinq ans. Perso, mon cœur est partagé face à cette perspective.

MES ÉMOTIONS PAR RAPPORT AUX VACANCES EN CAMPING	
Aller en vacances avec Noémie	+100
Aller en vacances **en camping**	-100
Petit-déjeuner dans un McDo sur la route	+8
SCORE ÉMOTIONNEL	**+8 (FAIBLE JOIE)**

Le cœur de ma mère, quant à lui, est rempli d'enthousiasme.

— Wow... j'ai trop hâte d'essayer ça !

Depuis qu'elle sort avec Benoit, elle est devenue une mordue de plein air. Elle s'est aussi découvert une passion pour le rock progressif, la bière artisanale et le baseball.

— Salut, Henri…

Noémie vient de surgir à côté de moi, aussi silencieuse qu'un nuage en pantoufles.

NOÉMIE :

La plus belle fille ~~de mon école~~
~~de la terre~~
~~de l'univers~~
~~de l'infini~~
de toutes les choses qui existent et même de celles qui n'existent pas.

PETITE LEÇON D'HALEINE-FRAÎCHE-OLOGIE

Le soir du gala *Smash*, Benoit et ma mère nous ont annoncé qu'ils sortaient ensemble. Le lendemain, Noémie m'a dit qu'elle m'aimait, mais qu'elle trouvait bizarre qu'on reste en couple dans de telles circonstances. Perso, je suis un spécialiste des malaises, alors un de plus ou un de moins… j'aurais pu vivre avec. Mais Noémie avait besoin de temps pour réfléchir. Depuis ce jour-là, on est en pause.

— Alors, Henri, ça va ? Qu'est-ce que tu fais ?
— Je travaille sur des trucs.

Ça faisait deux semaines qu'on ne s'était pas parlé. Si j'avais su qu'elle viendrait aujourd'hui, je n'aurais pas mis ce t-shirt. Ni ce short avec des flammes mauves sur les côtés. Noémie s'assure que personne n'écoute, puis elle me dit, à voix basse :

— J'ai réfléchi…
— Oh.
— Je peux te parler en privé ?

Je me lève en tirant mon short vers le bas pour cacher le rectangle rouge qui est marqué sur mes cuisses. Noémie me suit dans la maison. En traversant le salon, j'attrape subtilement les Tic Tac à la menthe qui se trouvent dans le panier, avec les télécommandes.

Arrivé dans ma chambre, je referme la porte derrière elle et je m'assois sur mon lit, en laissant une place géante à côté de moi. Noémie hésite, puis choisit la chaise à roulettes. Pendant les premières secondes, elle ne me regarde pas. Après un long silence, elle finit par parler :

— Tu sais, Henri, t'es vraiment quelqu'un de spécial.
— Toi aussi, No, t'es spéciale.

Au moyen d'une technique de ninja, je fais semblant de me gratter le nez et je laisse tomber un Tic Tac dans ma bouche. La fraîcheur se répand instantanément dans mes voies rétronasales.

— Henri, ce qu'on a construit ensemble, je veux pas le perdre…

Noémie hésite avant de poursuivre. De mon côté, je suis prêt. Prêt à vivre une liaison clandestine avec cette fille. Même si nos parents sortent ensemble. Même si elle est un peu ma demi-sœur. Même si l'UNIVERS est résolu à nous séparer.

— … mais j'aimerais mieux qu'on reste amis.

Elle continue de parler mais je ne l'écoute plus. Ça ne sert à rien. Tout a été dit.

— Avec nos parents qui sortent ensemble, ça serait juste trop bizarre. Je serais pas capable.
— OK, je comprends.

Elle attend un peu avant d'ajouter :

— Mais tu sais, c'est pas parce qu'on s'embrasse pas sur la bouche qu'on peut pas être proches.
— T'as raison.
— Des fois, j'aimerais pouvoir t'appeler pour te raconter mes journées de tournage. Ou juste pour déconner.
— OK, pas de problème.
— T'es sûr ? Ça te dérangerait pas ?
— Non.

La chaise émet un long *squeek* quand Noémie se lève. Elle sourit et m'ouvre les bras.

— Je suis vraiment contente qu'on se soit parlé. Amis pour la vie ?
— OK.

Notre câlin dure longtemps. Ses cheveux sentent le pamplemousse.

À: Henri Bastien
CC:
De: FABfest
Sujet: votre candidature au FABfest

Monsieur Bastien,

Nous avons bien reçu votre candidature pour le FABfest, qui aura lieu les 11 et 12 août prochains. Nous communiquerons avec vous sous peu pour vous informer de notre décision.

Merci de votre intérêt pour le FABfest.

Ceci est un message automatisé. Prière de ne pas répondre.

FABfest, sponsorisé par le lait Lactel.

AMBIANCE FESTIVE À L'HORIZON

Avec l'aide de ma mère, j'ai trouvé le lieu parfait pour organiser mon méga-événement *Just Dance*.

C'est sûr que j'aurais préféré un lieu un PEU plus cool, comme le stade de foot, le centre commercial ou même le cinéma. Mais le restaurant Chez Dan fera très bien l'affaire. Ma mère dit que son propriétaire a récemment investi dans une boule disco et un projecteur. Elle offre aussi de préparer des œufs farcis à la mayonnaise, exprès pour l'occasion. Si on ajoute la promo « deux pour un » sur la tarte au citron, tous les éléments sont réunis pour une ambiance festive à souhait.

ÉLÉMENTS PROPICES À CRÉER UNE AMBIANCE FESTIVE	
Des gens qui portent des bonnets, même l'été	
Des gens qui font du *street dance*	
Des gens qui veulent jouer à action ou vérité	
Deux fois plus de gens qui ne veulent PAS jouer à action ou vérité	
Des bracelets fluorescents	
Kendrick Lamar	
Une promo sur la tarte au citron	✔

DES ZIPS À PERTE DE VUE

Tout à l'heure, Noémie m'a téléphoné pour me parler du camp de théâtre où son père va l'envoyer à la fin du mois de juillet. Elle était si heureuse, si emballée. Tout le long de la conversation, j'ai fait des blagues. Je lui ai répété à quel point j'étais heureux pour elle et comment c'était super cool qu'elle puisse pousser sa passion à fond. Et c'était vrai, j'étais vraiment content pour elle. C'est pour moi-même que j'étais triste.

Depuis qu'on a raccroché, je suis assis devant l'ordi. J'enchaîne les vidéos YouTube pour oublier que je suis amoureux de ma demi-sœur et que cette situation est catastrophique. Hélas, même les plus grands classiques de Squeezie et les meilleurs *pranks* de Jake Paul ne réussissent pas à faire tomber une goutte de joie dans les crevasses de mon cœur. La porte s'ouvre et la tête de ma mère apparaît.

— Toc toc. Henrichou, je vais chez Decathlon. Il reste du riz dans le frigo et un peu de soupe aux tomates.

Elle va refermer, mais je l'arrête au dernier moment.

— Maman.
— Oui, mon chou.
— Je peux venir avec toi ?

Au Decathlon, ma mère s'est acheté un chapeau avec une pochette à *zip* à l'intérieur, une veste avec des *zips* en dessous des bras pour l'aération et un pantalon cargo avec des *zips* partout. Pendant qu'on marche dans l'allée centrale du centre commercial pour revenir à l'auto, la discussion tourne autour de Charlie.

— Pourtant, avec toi, la politesse, ça a jamais été un problème. T'as toujours été poli. Comment ça se fait que ta sœur nous parle comme ça ?
— Je sais pas trop…
— Est-ce que je devrais être plus sévère ? Toi, Henri, qu'est-ce que t'en penses ?

Pendant une demi-seconde, mon attention est aspirée par le comptoir Apple Store, à côté de nous, avec ses joyaux électroniques aux écrans scintillants.

PROFITEZ DE L'ÉVÉNEMENT « ÉTÉ EN FOLIE » DANS VOTRE APPLE STORE

L'iPhone 7 : 600 € → 386,76 €

Un tout nouveau système de caméra. L'écran le plus éclatant de son histoire. Une performance et une autonomie jamais vues sur iPhone. Une résistance aux éclaboussures et à l'eau. Des haut-parleurs stéréo. Et un design à la hauteur de sa puissance.

DÉPÊCHEZ-VOUS ! L'OFFRE SE TERMINE DANS 30 JOURS.

Le comptoir Apple disparaît derrière moi et je reviens à ma mère.

— Sérieusement, m'man, c'est pas de ta faute. Charlie est faite comme ça. T'aurais beau être ultra sévère, je pense pas que ça changerait grand-chose.
— Hmm… peut-être…

Elle se tait pour réfléchir. Je profite de l'occasion pour faire dévier la conversation vers le sujet qui m'intéresse. La raison secrète pour laquelle je suis venu ici, au départ.

— Maman…
— Quoi, mon chou ?
— Toi et Benoit… tu penses que ça va durer ?
— Euh… oui, j'espère. Pourquoi tu me demandes ça ?
— Pour rien…

Ma mère sourit.

— Tu sais, Henri, c'est vrai qu'avec mes anciens copains, ça n'a pas toujours été facile. Mais avec Benoit, c'est différent. Il est attentionné, il est drôle…
— Vous êtes vraiment différents.
— T'as raison… mais tu sais quoi ? Ça me fait découvrir plein de choses.

Elle a dit ça en me montrant le sac rempli de vêtements de plein air qu'elle a dans les mains.

— Maman…
— Quoi, mon chou ?
— Benoit, lui, tu penses qu'il est sérieux ?
— Euh… ben… oui… euh… j'imagine qu'il est sérieux… En tout cas, j'espère…

Je me sens mal de lui avoir demandé ça. Elle est déstabilisée. Ça se voit. Pour me racheter, tout ce que je trouve à dire, c'est :

— Tu veux que je prenne ton sac ?

Ma mère me tend le sac de vêtements et continue de réfléchir, seule avec elle-même. En arrivant au bout de l'allée, je pousse la porte et je suis accueilli par l'air brûlant du parking.

Anne Francœur vous a identifié sur une photo

Petite soirée shopping, avec mon grand ado Henri Bastien.

31 👍

Ève Lalancette

Henri, t'es trop CHOU !!!!

J'aime Commenter

Benoit St-Jean

T'es belle, mon amour.

J'aime Commenter

Turboménard

Henri a maintenant une moustache molle…

J'aime Commenter

23 👍

Denise Prudhomme

Anne, ton fils te ressemble beaucoup.

J'aime Commenter

Anne Francœur

Merci Denise. Et toi, comment vas-tu ?

J'aime Commenter

Denise Prudhomme

Ça va. Mon orgelet est moins enflé depuis quelques jours. C'est encourageant.

J'aime Commenter

MOUSTACHE MOLLE

Ça fait 10 minutes que je suis planté devant le miroir de la salle de bain. Je fixe la ligne de poils semi-transparente qui couronne ma lèvre supérieure. Ce que Ryan Turbo Ménard a appelé ma « moustache molle ». Jusqu'ici, j'avais pourtant l'impression que cette zone ombragée au milieu de mon visage me faisait paraître plus vieux. Qu'elle me rendait plus « mâle ». Le commentaire de Turbo a pulvérisé mes illusions. Je fais maintenant face à un profond dilemme existentiel. Si je rase ma moustache, j'aurai l'impression de rajeunir d'au moins deux ans et de retrouver la visage enfantin que j'avais en sixième année. En même temps, il est possible qu'elle repousse encore plus vite et avec plus de force que ma moustache actuelle. Peut-être même qu'elle deviendra alors une véritable moustache.

TROIS TRUCS SIMPLES POUR QUE TA BARBE POUSSE PLUS RAPIDEMENT

(source : vraimale.com)

Salut, mon gars. Comme tu le sais, la barbe est un élément essentiel pour être un vrai homme. C'est comme ça, on ne peut rien y changer. Utilise ces trucs tout simples pour que ta barbe devienne plus fournie, plus longue, plus virile et surtout… plus sensationnelle.

- En premier, laisse ta barbe pousser librement le plus longtemps possible pour savoir exactement où se trouvent tes poils de barbe.
- Exfolie ta peau le plus souvent possible. Ça va enlever tout ce qui pourrait ralentir la pousse des poils : poussière, peaux mortes, poils incarnés, etc. Ta virilité va enfin pouvoir s'exprimer à son **PLEIN POTENTIEL**.
- Huile ta barbe et brosse-la deux fois par jour, minimum. Ça va l'entraîner à pousser vers le bas et te rendra moins piquant si tu embrasses une fille.

Et voilà, mon gars. Applique ces quelques trucs et je te promets que les filles vont faire la file pour sortir avec toi ! Mais surtout, quoi que tu fasses, continue d'avoir confiance en toi et d'être sensationnel.

LES PETITES CHENILLES

Demain, je deviendrai officiellement recordman municipal de *Just Dance*. Même si je maîtrise parfaitement ma chorégraphie, une petite répétition générale ne fera pas de tort. Je sors le CD de *Just Dance* de son boîtier et je l'insère dans ma Xbox. Cinq minutes plus tard, Charlie descend les marches à toute vitesse.

— Henri, faut que je te parle. C'est urgent.
— Attends, je finis ma partie.

Elle s'assoit sur le sofa, pendant que je continue d'enchaîner des mouvements de type *reggaeton*. Une fois ma partie terminée, j'appuie sur *Mute* et je me tourne vers ma sœur. Elle est furax. Méga furax. Furax-o-max.

ÉMOTION QUI RESSEMBLE À UN NOM DE BONBON AMUSANT

— Il vient d'arriver une catastrophe…

Charlie se fige soudainement en voyant mon visage.

— Qu'est-ce que t'as en dessous du nez ?
— Euh… je sais pas…

Tout à l'heure, je me suis exfolié la peau du visage pour la première fois de ma vie. J'y suis peut-être allé un peu fort.

— Henri, c'est tout rouge.
— Ah, OK. Je sais pas pourquoi.
— On dirait de l'eczéma.
— Bon, Charlie, on est pas ici pour parler de ma face. C'est quoi, la catastrophe ?
— Tu devineras jamais.
— Attends… Quelqu'un t'a volé une revue *Science & Vie* ?
— Pire.
— Maman t'a confisqué l'ordi ?
— Encore pire.
— Pire que ça ?
— Maman a décidé de m'inscrire au camp de jour.

Cet hiver, quand ma mère a proposé de l'envoyer au camp de jour Les Petites Chenilles, ma sœur ne lui a pas parlé pendant une semaine. Maman a finalement laissé tomber. Pas question de se taper une autre grève de la vaisselle pour une histoire de camp de jour. Charlie continue :

— Et en plus, c'est Benoit qui l'a convaincue !
— Hmm... j'avoue que, ça, c'est nul.

Elle continue de tourner en rond dans le sous-sol en hochant la tête.

— Non, mais tu te rends compte ? À mon âge, m'envoyer au camp de jour !
— Comment ça, à ton âge ? T'as 11 ans.
— Justement ! Il est pas question que je passe mon été à jouer à la balle aux prisonniers avec une bande de préados !

J'éclate de rire.

— OK, mais, Charlie, c'est pas SI grave que ça. Au pire, t'auras juste à pas jouer à la balle aux prisonniers…
— Henri, je pense que tu comprends pas. Pendant que je vais être au camp de jour Les Petites Chenilles en train de faire du bricolage avec des cure-dents comme une enfant de quatre ans… QUI VA S'OCCUPER DE CHRIS PRATT ?!!
— Ben… euh… je sais pas…
— Henri, qui est mon seul allié dans cette maison ?
— Écoute, Charlie, je peux toujours jeter un œil sur ton iguane, de temps en temps, mais à condition que…

Elle me coupe la parole avec un câlin.

— T'es trop gentil ! Regarde, je t'ai préparé un horaire.

ELLE A PRÉPARÉ
UN HORAIRE

UN CHIC TYPE AUX CHEVEUX JAUNES

C'est aujourd'hui qu'Henri Oh my God va faire son entrée dans le livre des records municipaux, aux côtés de tous ces hommes et femmes qui ont repoussé les limites de leur sport. Mon prof de gym a déjà dit un truc là-dessus. Le secret des grands athlètes pour performer au plus haut niveau, c'est la visualisation. C'est donc ce que j'ai fait, dès mon réveil.

Dans l'auto, Charlie est encore énervée que ma mère l'ait inscrite au camp de jour. Elle regarde dehors, les bras croisés, en écoutant du rock sur son iPod. De mon côté, j'essaie de ne pas trop penser à la pression énorme qui pèse sur mes épaules en cette journée historique. Mon corps est prêt. Je suis hautement entraîné. Tout ce qu'il me reste à faire, c'est profiter du trajet pour me concentrer et entrer dans ma zone.

Ma mère se gare devant le restaurant Chez Dan. Dans le coffre, il y a trois GÉANTS plats Tupperware remplis d'œufs farcis à la mayonnaise. Ma mère en prend un, moi deux et Charlie aucun. Juste à transporter son air fâché, elle en a déjà plein les bras. En me retournant, je reste figé. On voit rarement plus de cinq voitures au restaurant Chez Dan, mais, aujourd'hui, le parking est plein. Il y a même un autobus et des gens qui attendent en ligne devant l'entrée. J'avoue que je suis surpris. Le phénomène Henri OMG est encore plus mondial que je le pensais.

Principales causes de trafic dans les zones urbaines

4. Travaux sur les routes.
3. Augmentation de la population.
2. Utilisation insuffisante du transport en commun.
1. HENRI OMG établit un nouveau record municipal de *Just Dance*.

Je vais accoster quelqu'un au hasard, pour voir sa réaction. N'importe qui. Tiens, pourquoi pas cette brave femme en leggings, avec des cheveux roux et des boucles d'oreilles en plumes ?

— Bonjour, madame…

Elle ne me reconnaît pas. C'est gênant.

— Bonjour. C'est moi, Henri Oh my God.

L'homme qui l'accompagne a les cheveux jaune pâle. Il porte des chaussures de course énormes et ses bras sont couverts de taches de rousseur. Pendant une demi-seconde, j'ai espoir qu'il me reconnaisse et qu'il dise à tous ses amis que leur youtubeur favori est ENFIN arrivé. À la place, il replie son bras et tousse plusieurs fois dans le creux de son coude. Soudain, son regard s'illumine.

— Je te connais, toi…

Voilà. Ce chic type aux cheveux jaunes a enfin retrouvé la mémoire.

— T'es le petit gars d'*Une famille en or* !

Grande journée d'inspiration

Le samedi 3 juillet, au restaurant Chez Dan, venez vivre une journée d'inspiration pleine d'énergie positive. L'événement sera animé par Micheline Michaud, chroniqueuse bonheur à *Bonjour, Salut!* et auteure du best-seller *Apprendre à s'aimer quand même*.

ÇA VA ÊTRE ÉPIQUE

Le restaurant est plein à craquer. Les serveurs sont débordés, les deux toilettes ne suffisent pas. Au milieu de la salle, une femme blonde, un peu plus âgée que ma mère, avec une veste en cuir rouge et des boucles d'oreilles turquoise, signe des autographes. Elle se laisse photographier, sourit, prend le temps de parler à chacun de ses fans. C'est Micheline Michaud, animatrice de la chronique « bonheur » à l'émission *Bonjour, Salut !* Je suis soulagé de voir que Dan (le propriétaire du restaurant Chez Dan) a quand même réservé la petite salle du fond pour mon événement. Tout a été soigneusement préparé pour une séance de *Just Dance* absolument épique. Dan a installé une longue table pliante en plastique beige, sur laquelle il a aligné les trois plats Tupperware remplis d'œufs farcis. Les chaises ont été empilées à côté du seau à serpillière pour nous laisser un maximum de place pour danser. L'ambiance va être déchaînée, aucun doute là-dessus.

Jackson vient tout de suite me saluer. Cette semaine, on s'est parlé trois fois sur Facebook. Il n'y a plus de froid entre nous deux. Jax est venu avec Tam et Raphaëlle Vézina-Racine, sa nouvelle copine. Zackary Marchand est là aussi, avec deux amis du club multijeux. Ce bon vieux Manga Boy. Toujours fidèle au poste.

— Hey, Henri ! Ça roule, mon pote ?

Ma tante Lucie est venue. Elle a récemment pardonné à ma mère de ne pas l'avoir invitée à *Une famille en or*. Depuis, chacune commente les statuts Facebook de l'autre dans la paix et l'harmonie. Debout près des œufs farcis, Lucie discute avec monsieur Blanchette, le directeur de mon école, et semble complètement époustouflée par son monologue sur les protéines végétales.

— Vous savez, madame, la purée de pois chiches m'apporte tellement d'énergie. Ça a complètement changé ma vie !

RENCONTRE AVEC UNE MOUSTACHE SENSATIONNELLE

En tout, il y a aussi sept ou huit « vrais » abonnés. Jeff, Dave, Maude, Louis, Félix. Des gens qui me connaissent seulement grâce à mes vidéos. Ces abonnés qui m'ont permis de quitter l'enfer des puzzles 3D pour ENFIN avoir une vie. On fait trois ou quatre selfies, une photo de groupe. Je suis super honoré, et aussi un peu gêné qu'ils se soient déplacés jusqu'ici juste pour me voir. J'espère ne pas les décevoir.

— Salut, Henri.

Noémie vient d'apparaître devant moi. Cette fille a clairement des pouvoirs.

— Hey, No. C'est cool que tu sois venue.

Elle rit.

— T'es drôle, toi. Comme si j'allais manquer ça. Aujourd'hui, on bat le record de *Just Dance* !

Je suis content qu'elle soit là, mais je n'avais pas prévu ce qui va suivre.

— Henri, je te présente Dylan. On s'est rencontrés sur le tournage de *Zone XD*.

Dylan.

— *What's up*, Henri ? C'est vraiment une bonne idée, ton événement, *man*. Je suis content d'en faire partie.

Le mec en question doit avoir deux ans de plus que moi. Jeans rose pâle trop court, chemise fleurie, cheveux attachés sur le dessus de la tête. Ce gars-là est un authentique…

HIPSTER

Comment me comparer à ce style de niveau ÉLITE ? À ce *swag* intergalactique ? Mais le PIRE, là où l'affrontement devient VRAIMENT inégal, c'est au niveau de la moustache. Au milieu de son visage, Dylan affiche une bande de poils riche et fournie qui n'a rien à voir avec l'ombrage délicat qui orne ma lèvre supérieure. Sa moustache à lui est une moustache sensationnelle. Une moustache DE COURSE.

Caractéristiques de Dylan

- Charismatique
- Ponctuel
- Aime la musique électro
- A une superbe voix de type baryton
- Écoute du Justin Bieber en cachette

Ce que je vais retenir de Dylan

— Donc, c'est quoi, exactement, le lien entre vous deux ? Henri, t'es genre le cousin de Noémie, c'est ça ?
— Ben… euh… non. En fait, Noémie et moi, on a déjà…

Noémie me coupe aussitôt la parole.

— Henri, c'est mon demi-frère.

LA PROSPÉRITÉ, SELON TAM GAUTHIER-HUNG

Le rendez-vous était à 2 h. Il est 2 h 30 passées. Mes abonnés attendent. Ils sont prêts. Sauf qu'on n'est pas assez nombreux pour commencer. Pour que la vidéo de mon record ait l'ampleur que j'annonce depuis deux semaines, j'ai besoin d'une salle remplie de monde, avec des gens qui dansent partout, un peu comme dans un vidéoclip de rap. Hélas, les deux choses qui sont pleines à craquer en ce moment, c'est l'activité d'inspiration de Micheline Michaud et les plats Tupperware de ma mère. Tam s'approche de moi. Il a la bouche remplie de mayonnaise au paprika et tient un œuf, en réserve, dans chaque main.

— Alors, Henri, t'es pas trop déçu ?
— Pourquoi tu dis ça ?

Tam regarde autour de lui.

— Visiblement, ton événement atteint pas ses objectifs…

Il se fourre un œuf au complet dans la bouche.

— En tout cas, moi, ces temps-ci, ça va HYPER bien.
— Tant mieux pour toi.
— Comme tu sais, je me suis lancé dans l'industrie de la beauté canine.
— Tu veux dire que tu laves des chiens ?
— Je fais BEAUCOUP plus que laver des chiens, Henri. Je leur redonne une dignité. C'est pas rien, ça.
— Lol.
— Je devrais peut-être pas te dire ça, mais…

Il regarde discrètement autour de lui, puis continue de parler, juste un peu moins fort :

— … ces temps-ci, je fais des affaires en or, mon gars.

Pendant qu'il parle, je jette un coup d'œil en direction de la porte. Mon grand événement *Just Dance* ne fonctionnera pas. C'est sûr et certain.

— Tu sais, Henri, t'as toujours eu un don avec les canins. Regarde avec Bianca. Vous deux, c'est fusionnel.

J'en connais deux autres qui sont fusionnels. Noémie et Dylan. Depuis tout à l'heure, elle rit à tout ce qu'il dit. Parfois même quand il ne dit rien. À chaque fois, je reçois un choc électrique.

— Je te le dis, Henri, des talents comme toi, ça court pas les rues. Si jamais tu te cherches un job, je serais prêt à te faire une offre.
— Non merci, Tam. Devenir toiletteur canin, c'est pas exactement mon but dans la vie.

— Ah, je le sais. C'est peut-être pas ton but EN CE MOMENT…

Il fouille dans son portefeuille en faisant en sorte que je voie bien la liasse de billets de 20 € qui sont rangés à l'intérieur.

— … mais dans l'industrie des youtubeurs, on sait jamais ce qui peut arriver. Beaucoup d'appelés, peu d'élus, comme on dit…

Il me tend sa carte professionnelle.

— Tiens. Si jamais tu changes d'idée.

Pour ne pas le vexer et clore la discussion, je prends le bout de carton et je le glisse dans la poche de mon jeans. Je jette ensuite un regard autour de moi. Tam a raison : j'ai foiré, comme d'habitude. Il engouffre un autre œuf et m'adresse un sourire satisfait.

— Par contre, Henri, je dois dire une chose : les œufs de ta mère sont VRAIMENT au-delà de mes attentes !

Au même moment, le bruit dans le restaurant diminue. Micheline Michaud vient de prendre le micro.

— Bonjour, tout le monde. J'espère que vous êtes prêts pour une journée sous le signe de l'inspiration !

Pendant que les fans de Micheline applaudissent en souriant, je regarde les trois grands plats d'œufs farcis à la mayo. Encore une heure et il faudra tout jeter à la poubelle. Tout ça parce que personne ne s'est pointé à mon « MÉGA » événement *Just Dance*. La voix résonne à nouveau dans les haut-parleurs du restaurant Chez Dan.

— Pour commencer, on va faire augmenter notre vibration pour chasser les mauvaises énergies. On frotte les mains

ensemble et puis on saute ! Allez, hop, tout le monde !

Partout, dans le restaurant, les gens se mettent à sautiller en frottant leurs paumes l'une contre l'autre. Ma mère et tante Lucie se sont laissées prendre au jeu. Monsieur Blanchette aussi. Si seulement les abonnés d'Henri OMG avaient la moitié de leur enthousiasme… Et c'est là qu'une idée s'allume dans ma tête. Une idée de fou malade, digne d'un grand stratège en marketing. Une idée qui va changer le cours de mon existence. Et marquer l'Histoire.

DU MARKETING FARCI À LA MAYONNAISE

Ça fonctionne ! Les fans de Micheline Michaud sont carrément ACCROS aux œufs de ma mère. Ça ne fait même pas 10 minutes que j'ai commencé à leur en distribuer et, déjà, mon plat est vide. Évidemment, j'ai pris soin de leur indiquer où se trouve le reste du butin. Lentement, quelques amateurs d'œufs farcis commencent à migrer dans la petite salle, autour de la table en plastique et des plats Tupperware. Ça se passe au ralenti. Un moment de grâce.

Bientôt, notre salle n'est pas seulement pleine, elle déborde. À côté de moi, Tam hoche la tête avec admiration.

— Chapeau, Henri ! La stratégie des œufs, c'est vraiment un coup de maître.

Il faut que j'agisse maintenant. Sauf que je suis figé sur place. Je voulais une salle pleine et, maintenant que je l'ai, ça me terrorise. Tam le remarque.

— Ça va, Henri ?
— Oui… euh… non… Je sais pas trop…

Il va chercher une chaise à côté du seau à serpillière et revient la placer devant moi.

— Connais-tu l'histoire du canard qui voulait apprendre à parler ?
— Euh… non.
— Bon, j'ai pas le temps de te la raconter. Grimpe sur la chaise, et fais ce que t'as à faire.

Après un moment d'hésitation, je pose un pied sur le siège et je me hisse au-dessus de la foule. Le restaurant au complet s'est tourné vers moi. Même Micheline Michaud se demande ce qui se passe.

— Bonjour, tout le monde. Je m'appelle Henri Bas…

Dans ma gorge, ma voix s'est éteinte. Les visages sont sérieux. On me juge, c'est certain. Je ne sais plus ce que je fais ici. Qu'est-ce que je disais, déjà ? Au beau milieu de ma confusion, une femme avec de grosses boucles d'oreilles turquoise apparaît devant moi. C'est Micheline Michaud.

— Tiens, prends ça.

Elle me fait un clin d'œil et me tend son micro.

— Courage, mon grand.
— Merci, madame.

Alors que je me redresse, mon regard croise celui de Noémie. Elle est fière de moi, ça se voit. Je me racle la gorge et je recommence :

— Je m'appelle Henri Bastien.

Ma voix a retenti comme un coup de tonnerre dans les haut-parleurs du restaurant Chez Dan.

— Vous m'avez peut-être déjà vu dans *Une famille en or*, avec ma famille… la famille Bastien…

Dans la foule, les visages s'allument. Les gens m'ont reconnu. Je suis allé à *Une famille en or* et je suis presque ami Facebook avec Christophe Dechavanne : je fais partie de la bande.

— Je sais pas s'il y en a parmi vous qui aiment la danse…

La réaction est instantanée. Des sourires, des applaudissements. Un gros « oui » collectif. Les fans de Micheline ADORENT la danse. Charlie vient chercher mon téléphone et se prépare à filmer. Bientôt, sur les écrans de télé partout autour de nous, les nouvelles du sport sont remplacées par une chorégraphie que j'ai enregistrée moi-même. La musique commence. *One Danse*, de Drake.

— Mesdames et messieurs, j'espère que vous êtes prêts. Parce qu'aujourd'hui, vous et moi… on bat le record municipal de *Just Dance* !

RÉSUMÉ DE L'HISTOIRE DE L'UNIVERS

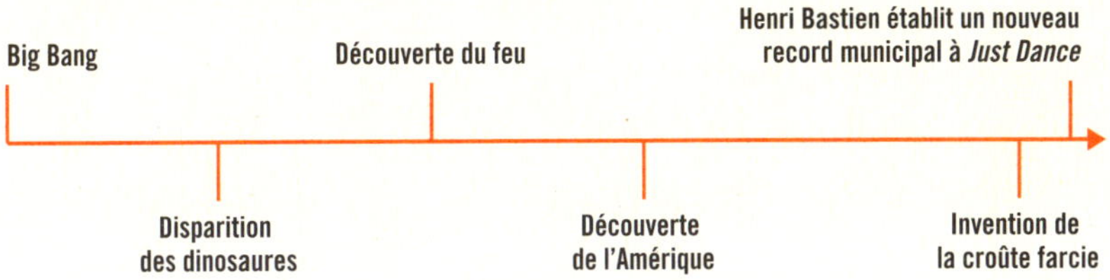

Merci, tout le monde !!!

Un gros thumbs up* à tous ceux qui étaient présents, hier, pour mon événement Just Dance. Vous étiez en feu. Grâce à vous, on a réussi à battre le record municipal de Just Dance !!!!!! Partagez la vidéo avec vos amis, si vous l'aimez ! ☺

106 👍

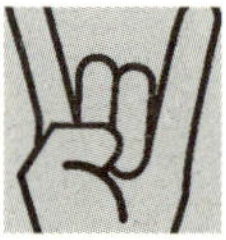

Jérémie Soulières

J'étais sur place et c'était MALAAAAAAADDEEE !!!!!

J'aime   Commenter

Julien_Houle

Juste. Trop. fort.

J'aime   Commenter

Jackson Beaulieu

J'ai eu des émotions, man. C'était cool.

J'aime   Commenter

Pierre Blanchette

Henri, tu es un exemple de persévérance. Tous les membres du personnel de l'école et moi te disons bravo.

J'aime   Commenter

* Thumbs up - Pouce levé, pouce en l'air.

Lucie Francœur

Ce fut un plaisir de vous rencontrer, Pierre.

J'aime Commenter

Pierre Blanchette

Plaisir partagé, Lucie.

J'aime Commenter

Huguette Mayrand
vous a envoyé une demande d'amitié.
Accepter Refuser

Ernest Duplessis
vous a envoyé une demande d'amitié.
Accepter Refuser

Yvonne Lavallée
vous a envoyé une demande d'amitié.
Accepter Refuser

Hector Dufresne
vous a envoyé une demande d'amitié.
Accepter Refuser

Jean-Pierre Trottier
vous a envoyé une demande d'amitié.
Accepter Refuser

UN POIL TROP MOTIVÉ

Quand il est question de camping, Benoit est un poil trop motivé. Il veut absolument que tous nos bagages soient dans sa camionnette dès ce soir pour que, demain, on puisse partir vite fait… à 4 h du matin. Le terrain de camping est à six heures de route et il veut absolument qu'on arrive avant le déjeuner. Comme je n'ai pas de sac à dos d'expédition, j'ai mis toutes mes affaires dans un grand sac de courses en plastique.

Les incontournables du camping selon Henri F. Bastien.

- Téléphone portable
- *Selfie Stick*
- S'il reste de la place : vêtements, sac de couchage, chasse-moustique, etc.

Quand j'arrive en haut des escaliers avec mon sac en plastique dans les bras, ma mère et Benoit sont en train de se disputer :

— Voyons, Anne, ça n'a pas de sens.
— Mon amour, est-ce vraiment si grave que ça ? Ça fait plaisir à Charlie. En plus, t'as une camionnette. On a assez de la place.

— Anne, la question est pas là.

— Elle est où la question alors, Benoit ?

— C'est pas NORMAL que la MOITIÉ des bagages qu'on apporte en camping servent à assurer le confort d'un IGUANE NAIN !

Au même moment, Charlie ressort de sa chambre avec une vieille valise à roulettes de Dora l'exploratrice. Elle la dépose au pied du tas d'affaires qu'elle veut emporter. Benoit voudrait dire quelque chose, mais il se retient. Dès le début de leur relation, lui et ma mère ont mis une chose au clair. En matière d'éducation parentale, chacun intervient SEULEMENT avec ses propres enfants. C'est la règle. Et Charlie est sur le territoire de ma mère.

— Là, Charlie, c'est ton dernier sac, OK ?

— Promis. J'avais juste oublié de mettre une couverture en polar pour Chris Pratt.

De retour dans ma chambre, je m'allonge sur mon lit et je fais rejouer la journée d'hier dans ma tête. L'événement *Just Dance* a été un succès sur toute la ligne. Dan m'a dit qu'on était près de 200 à danser, sans compter les serveurs et les cuisiniers. Tous ces cinquantenaires qui se déchaînaient sur la musique de Drake, c'était complètement épique. Quand le comité de sélection du FABfest verra qu'Henri OMG organise des événements de cette envergure, ça fera peut-être pencher la balance en ma faveur.

Mais, malgré la réussite incontestée de mon projet, une ombre continue de flotter dans ma mémoire. Le visage de Noémie en train de rire des blagues de Dylan. Je le revois en boucle depuis ce matin. Dylan, le hipster avec une moustache sensationnelle. Jusqu'ici, dans le dossier Noémie, j'ai adopté une approche passive basée sur la patience. J'ai joué les indépendants en espérant qu'elle finirait par se rendre compte que c'était la pire idée du monde de se séparer. Mais, avec ce gars-là dans les parages, je vais devoir passer en deuxième vitesse. Et notre escapade en camping est le moment idéal pour faire ça. Henri Bastien va maintenant se mettre en mode turbo romantique.

SCÈNE D'HORREUR SUR LA ROUTE

Les fenêtres de la camionnette sont grandes ouvertes et Benoit a mis un CD de Nickelback à plein volume. À ma gauche, Charlie est plongée dans un livre qu'elle a trouvé à la bibliothèque.

Noémie étudie un monologue pour son camp de théâtre. Le vent lui ébouriffe les cheveux, et ses lèvres prononcent lentement des mots silencieux. Pendant que je contemple la beauté exceptionnelle de Noémie, Charlie sort la tête de son livre.

— On arrive bientôt ?

Ça fait mille fois que ma sœur demande ça depuis qu'on est partis. Personne ne répond.

— Hey ho ! Je sais que vous faites semblant de pas m'entendre, mais votre stratégie parentale fonctionnera pas avec moi. On arrive bientôt ? On arrive bien…

Face à l'obstination de Charlie, ma mère finit par baisser la musique.

— Charlie, il y a 10 minutes, on a dit 2 heures. Fais le calcul.

Benoit sourit et s'adresse à ma mère en continuant de regarder la route :

— Anne, ne rentre pas dans son petit jeu.

Ma mère pose doucement la main sur la cuisse de Benoit.

— Merci, mon chéri, mais je vais gérer le dossier.

Ma mère remonte le volume et je sors mon téléphone pour aller faire un tour sur ma chaîne. Depuis que mon record municipal est en ligne, je veux offrir une rétroaction rapide et personnalisée à chacun de mes abonnés. C'est essentiel, si je veux les garder motivés et impliqués dans ce que je fais. En ce moment, je capte seulement deux barres de réseau, mais c'est quand même suffisant pour accéder aux statistiques et lire les commentaires qui sont entrés depuis ce matin. En arrivant sur ma chaîne, je sursaute.

Mes abonnés sont en feu : 67 *likes*, 1 200 vues, une TONNE de nouveaux commentaires. Comment expliquer ce boom ? Ce n'est pas normal. Je fais rapidement glisser mon index sur la page, mais elle se fige. C'est alors qu'une image terrifiante remplit l'écran de mon téléphone. Quelque chose d'horrible qui me glace le sang.

chrome://dino/
chrome://dino
Vous êtes actuellement
hors connexion

BIENVENUE DANS LA FORÊT

Benoit s'arrête devant le bureau d'accueil. Lui et ma mère descendent pour aller parler avec le directeur du camping et Charlie file aux toilettes. Je reste seul avec Noémie. J'ai du mal à croire qu'on a fait plus de six heures de route pour arriver dans un endroit comme ça. La machine à Coca est devenue rose pâle, le terrain de tennis est couvert de broussailles et les cibles de tir à l'arc, au fond du terrain vague, ressemblent à des ruches d'abeilles rongées par la moisissure. Collée sur la porte du mini-magasin, une affiche annonce des glaces qui remontent à l'époque lointaine où ma mère avait encore sa vraie couleur de cheveux. La seule chose à peu près fonctionnelle dans mon champ de vision, c'est une voiturette de golf conduite par un monsieur en robe de chambre. À côté de moi, Noémie semble pourtant ravie d'être ici.

— C'est beau, hein ?
— Oui, c'est vraiment cool.

Un chat sans queue passe devant nous en courant. Noémie continue :

— Je suis contente que t'aimes ça. Pour mon père et moi, c'est un endroit spécial.

Au même moment, Charlie frappe sur la vitre à côté de moi. Elle n'arrive pas à entrer. Sans m'en rendre compte, j'avais verrouillé la porte.

Notre terrain de camping est parcouru par de grosses racines. Il ressemble à l'avant-bras d'un haltérophile. Il y a également une table de pique-nique couverte de graffitis et une poubelle en métal. Aussitôt descendue de l'auto, ma mère se lance dans la lecture du best-seller de Micheline Michaud, *Apprendre à s'aimer quand même*. Depuis qu'elle l'a rencontrée au restaurant Chez Dan, elle est devenue sa fan numéro un. En plus d'avoir acheté son livre, elle suit Micheline sur Facebook et elle s'est inscrite à son prochain webinaire. Elle a aussi commencé à dire des trucs plutôt inquiétants, du genre : « J'ai toujours su que j'avais une vieille âme », « Benoit, l'énergie circule mal dans ton troisième chakra », ou encore : « Henri, laisse jaillir ta vérité intérieure. »

Benoit a fini d'installer sa super-tente. Après s'être dépliée comme un *transformer*, elle a maintenant l'air d'une mini-forteresse au milieu de la forêt. En me voyant inspecter sa petite merveille, mon beau-père s'approche de moi.

— Alors, Henri ? Qu'est-ce que tu penses de ma petite installation ? C'est une belle petite bête, cette tente, hein ?

Benoit continue de contempler fièrement son œuvre, puis il se tourne vers moi.

— As-tu envie qu'on se lance la balle ? J'ai deux gants dans mon sac.
— Merci, mais j'avais prévu d'aller marcher un peu avant le dîner.
— T'es sûr ? Je pourrais te montrer comment faire une balle courbe. Avoue que ça te tente.
— C'est gentil, Benoit, mais j'ai vraiment envie de…
— Tu veux te mesurer à l'hostilité de la forêt pour savoir ce que t'as dans les tripes. Je comprends.
— Euh…
— Je comprends, Henri. Un vrai gars des bois.

Il continue de parler, le regard perdu dans les conifères qui se dressent autour de nous.

— Allez, va te ressourcer. Mais oublie pas une chose : ici, on n'est pas dans un parc aménagé par des urbanistes. La nature te fera pas de cadeau.

Benoit fouille dans sa poche et en sort un canif.

— Tiens, au cas où tu croiserais un sanglier.

Alors que je m'éloigne, il ajoute :

— Henri.
— Quoi ?
— Ce couteau-là, il s'appelle « reviens ».
— Hein ?
— Ça veut dire qu'il faut que tu me le ramènes.
— Ah… OK.

SEIGNEUR RÉSEAU

Ça fait une demi-heure que je marche en tenant mon téléphone au-dessus de ma tête. Il faut absolument que je trouve un signal internet quelque part dans cette forêt. J'ai BESOIN de savoir ce qui a causé une telle explosion des vues pendant la nuit. Tout à l'heure, j'ai cru voir apparaître une barre de réseau, mais elle a aussitôt disparu et je n'arrive pas à la retrouver. On dirait que le dieu des données mobiles se moque de moi.

PRIÈRE AU SEIGNEUR RÉSEAU

Seigneur Réseau
J'ai crié ton nom au sommet des montagnes
Seigneur Réseau
Entends ma prière
Aujourd'hui, je m'abandonne à toi
Seigneur Réseau
Je veux sentir ta connexion
Montre-moi le chemin jusqu'à toi
Seigneur Réseau
Je suis ici, perdu dans la forêt
Et j'attends ton signal
Le cœur ouvert et mon téléphone dans les airs

MERCI LA VIE

NOMBRE DE VUES : 1 712   49 👍   6 👎

Georges Poitras

Wow, quelle vidéo inspirante ! Georges

J'aime   Commenter

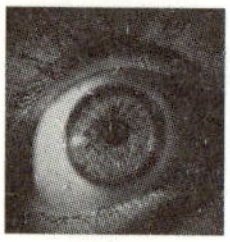

Johanne Charest

J'ai bien aimé la chorégraphie mais
la musique hip-hop ce n'est pas ma tasse de thé. Johanne

J'aime   Commenter

Croissance_personnelle

Cher Henri, vous êtes lumineux. Wow.

J'aime   Commenter

Guylaine Lavallée

Bonjour monsieur Oh my God, pourriez-vous
m'envoyer la recette des œufs farcis ? Guylaine

J'aime   Commenter

PÉDALO WIFI

Mes prières ont été entendues. J'ai trouvé deux grosses barres de réseau, au bord du lac, à côté des pédalos. J'en ai choisi un vieux rose, échoué sur la plage, et je me suis écrasé dedans pour lire les commentaires sous ma vidéo.

Je n'avais pas rêvé. Les chiffres ont vraiment explosé depuis hier. En quelques heures, mes vues ont presque doublé et j'ai ajouté une trentaine d'abonnés à ma fiche, ce qui m'en fera bientôt 350. Mais le plus surprenant, c'est le genre de personnes qui ont regardé ma vidéo. La plupart de mes nouveaux abonnés ont l'âge de ma tante Lucie, un public que je ne rejoindrais JAMAIS en temps normal. Ça fait drôle mais, en même temps, je ne peux pas me plaindre. Je serais fou de cracher sur des nouveaux fans, peu importe leur âge ou leur niveau de coolitude. D'ailleurs, Tam m'a déjà dit un truc assez mémorable à ce sujet.

« Traite chacun de tes abonnés comme si c'était quelqu'un de MÉGA important. Genre le président ou l'inventeur du Big Mac. »

- Tam Gauthier-Hung

J'entends un bruit. Je me retourne et je vois Charlie, debout dans le sable, à côté du pédalo.

— Je savais que t'étais accro.
— Charlie ?
— Ça fait deux heures qu'on te cherche.
— Je suis désolé. C'était la seule place où il y avait du réseau.
— J'avais deviné.

Le jugement dans sa voix n'est même pas subtil. Je déplie péniblement mes membres et je sors de l'embarcation.

— Maman panique pas trop ?
— M'man, pas tant que ça. C'est surtout Benoit. Il s'imagine que t'es en train de te battre avec un sanglier.

Pendant qu'on se met en marche vers le campement, ma sœur ajoute :

— Tu sais, Henri, la première étape pour vaincre une dépendance, c'est de reconnaître qu'on a un problème.
— Merci de t'en faire pour moi, Charlie, mais ça va. J'aime aller sur mon téléphone, comme n'importe qui. Y a rien d'anormal là-dedans.
— OK, je comprends. Tu fais du déni.
— Non.
— Ta réponse me confirme que tu fais effectivement du déni.
— Lol.
— Lol, ça veut dire « *laughing out loud* ». Ça n'a aucun sens que tu dises ça en ce moment.

— Re-lol.
— Bon, je pense que je vais changer de sujet.
— Bonne idée.
— As-tu envie de jouer aux dards géants ?

DOMINOS CHINOIS ET DARDS GÉANTS

Notre partie de dards géants était épique. Benoit s'est mis en équipe avec Charlie et Chris Pratt, et ils nous ont complètement DOMINÉS. Noémie et ma mère éclataient de rire chaque fois qu'elles rataient leur coup. Ma mère est ce type de personne qui trouve EXTRÊMEMENT drôle d'être mauvaise dans un jeu. Pour ma part, je trouve bizarre d'avoir autant de plaisir alors que tu es en train de perdre. Après le dîner, Benoit a bien nourri le feu et il s'est enfermé dans la tente avec ma mère. Ça fait plusieurs fois que je les entends rire. J'imagine qu'ils se font des chatouilles.

Le soleil est couché, mais le ciel est encore clair. Sur la table de pique-nique, ma sœur et Chris sont absorbés par une intense partie de dominos chinois. Je ramasse ma boîte de biscuits et je vais m'asseoir à côté du feu. Près de moi, Noémie lit un roman, enveloppée dans un châle que ma mère lui a prêté. Il n'y a personne d'autre. Juste nous deux.

— Qu'est-ce que tu lis ?

Elle sursaute.

— Oh !!! Tu m'as fait peur.
— Excuse.

Noémie retrouve son calme et me montre la couverture de son livre.

— C'est une série. Ça s'appelle *BFF*, c'est vraiment bon.
— Tu veux un biscuit ?

Quand elle le croque, le biscuit s'effrite et des miettes tombent sur la page de son livre. Noémie les balaie avec sa main et reprend sa lecture. Après cinq minutes, je commence à me questionner.

Trois hypothèses pour expliquer ce silence infini :

A. Son livre est MÉGA intéressant.
B. Elle m'évite et je suis trop stupide pour comprendre le message.
C. Elle a cessé de respirer, je devrais appeler une ambulance mais… il n'y a pas de réseau !

Je n'ai pas d'autre choix. Si je veux faire bouger les choses, je vais devoir être plus direct.

— Noémie, il faut qu'on se parle.

MON CŒUR BISCUIT

Noémie referme son livre et me regarde en finissant de mastiquer sa dernière bouchée de biscuit. Je jette un coup d'œil vers la table de pique-nique pour être certain que ma sœur et Chris Pratt ne sont pas en train d'écouter. La voie est libre.

— Noémie…

Le seul problème, c'est que je n'arrive plus à émettre un son.

— Oui, Henri ? Je t'écoute.
— Euh… c'est que… je… euh…

Pourtant, j'avais un plan. Des trucs percutants à lui dire. Sauf que là, alors que je suis assis à côté d'elle devant le feu, les mots sont coincés dans ma gorge. Noémie sourit en inclinant la tête. Puis, sans prévenir, elle vient s'appuyer sur mon épaule.

— T'es mignon, Henri. Sérieusement, des fois, j'aimerais vraiment savoir ce qui se passe dans ta tête…

Puis, soudainement, un élan de courage s'empare de moi. C'est peut-être la volée d'oiseaux qui traversent le ciel cobalt. C'est peut-être le feu qui siffle, ou le parfum poivré et légèrement sucré de la résine de pin. C'est peut-être aussi la fille à côté de moi. Cette fille qui laisse tomber des miettes de biscuit sur les pages de son livre. Et dont les cheveux sentent le pamplemousse.

— Tu sais, No, j'ai repensé à notre discussion de l'autre jour, quand tu disais que tu voulais qu'on reste amis…

Elle tourne la tête vers moi et attend que je continue. Il est trop tard pour reculer.

— Ben… comment je te dirais ça ?
— Henri, dis-le simplement.

— Moi, ça me dérangerait pas qu'on sorte ensemble. Je serais partant.

Pendant les premières secondes, sa réaction n'est pas claire. Elle dit simplement :

— Je comprends.
— Tu comprends ?

— Oui. Moi aussi, je me sens un peu comme ça, des fois.

Puis, peu à peu, une émotion se dessine sur son visage. Noémie est… triste.

— Mais tu sais, Henri, je pense que j'aime quand même mieux qu'on reste amis. Je sais que c'est triste, mais c'est comme ça.
— OK, mais pourquoi ?
— Tu sais pourquoi.
— Eh bien je suis pas d'accord. On s'en fout, de ce que les autres pensent !
— Ah oui ? T'imagines, à l'école ? Noémie Audet-St-Jean, la fille qui sort avec son frère…
— OK, mais, No, je suis pas ton frère ! Je veux dire… il y a un an, on se connaissait même pas !
— Peut-être, sauf que les gens font pas attention à ces détails-là. Tu le sais, ce qui va se passer.

Son regard n'est plus juste triste. Je vois clairement qu'elle a pitié de moi.

— Je suis désolée, Henri. Je trouve ça vraiment triste, que ça te fasse de la peine.
— J'ai zéro peine. C'est juste que je comprends pas. Tout ce qu'on a vécu, on dirait que c'était rien pour toi.

Elle s'enroule dans le châle de ma mère et continue de parler en regardant le feu.

— Dis pas ça, Henri, c'est pas vrai.
— Et, de toute façon, nos parents sortiront pas ensemble pour toujours. Tu sais, depuis que mon père est parti, ma mère a jamais gardé un copain plus que six mois. C'est juste une question de temps avant que…
— Ben, justement. Moi, c'est la première fois que mon père se fait une copine depuis que ma mère est morte. Henri, notre relation a été super importante pour moi, et je pense que je t'ai vraiment aimé. Peut-être même que je t'aime encore un peu, des fois… Sauf que, là, je vois que mon père est heureux, et j'ai un peu l'impression d'avoir une vraie famille. Tu comprends ? Je pense que j'aime mieux ça comme ça.
— Tu penses ou t'es sûre ?

Elle baisse les yeux, puis les relève lentement vers moi.

— Je suis certaine.

Pour remplir le silence glacial qui vient de s'installer entre Noémie et moi, je ramasse deux grosses bûches et je les empile au milieu des flammes. Le bois est tellement sec que le feu gonfle d'un coup et je dois faire un pas en arrière pour éviter de me faire brûler les sourcils. Bah, au point où j'en suis, qu'est-ce que ça changerait ?

HENRI
BASTIEN

LA FOIS OÙ J'AI FAIT GRILLER UNE GUIMAUVE À 400 €

Au terme d'un long bruit de *zip*, ma mère sort de la tente. Elle vient nous rejoindre près du feu.

— Coucou, les enfants. Qu'est-ce qu'on est bien ! Wow !

Elle prend un biscuit dans la boîte et le croque en regardant le ciel.

— Le moment présent est tellement magique, ce soir.

« Magique » n'est pas exactement le mot que j'aurais choisi.

— Henri, ton téléphone est-il proche ? Je prendrais une photo de famille pour immortaliser le moment.

S'il y a bien un moment que je ne veux PAS immortaliser, c'est le soir où la fille de ma vie m'a confirmé qu'elle m'aimait mieux comme frère que comme copain.

— Ah, m'man, ça me tente pas, là… En plus, ma batterie est pas chargée au complet.

— Franchement, Henrichou, t'es nul. Juste une petite photo de rien du tout.
— Je suis pas nul, j'ai pas envie de faire une photo de famille. J'ai bien le droit.
— Ben oui, t'as le droit. Et moi, j'ai le droit de dire que t'es nul.

La voix de Charlie s'élève de la table à pique-nique.

— Vous êtes lourds !

Benoit sort de la tente et vient ramasser les deux derniers biscuits. Il prend ensuite ma mère par la taille et l'embrasse dans le cou.

— Qu'est-ce qui se passe, mon amour ? Tout va bien ?
— Il se passe que j'aurais voulu prendre une belle photo du moment présent, mais qu'Henri est trop nul pour me prêter son cell.
— Maman ! Si tu voulais faire un safari-photo, pourquoi t'as pas amené TON téléphone à TOI, hein ?
— Parce que. On est ici pour se ressourcer, pas pour passer le week-end sur Facebook.
— Ben, voilà. C'est tout le temps le même. Vous vous pensez cools en snobant la technologie sauf que quand vous en avez soudainement besoin, vous êtes bien contents qu'il y ait des gens comme MOI qui ont amené leur iPhone.

Pendant que le feu continue de brûler devant nous, Noémie pose une main sur mon avant-bras.

— Pour de vrai, Henri, ça serait cool, une petite photo tout le monde ensemble.

Qu'est-ce que je peux répondre à ça? Je me lève en marmonnant:

— Bon, OK. Si vous voulez TANT QUE ÇA souligner ce grand moment de l'histoire du camping, je vais vous le prêter, mon foutu téléphone.

Je vais chercher mon *selfie stick* dans la tente. De retour près du feu, je fixe mon téléphone au bout de la perche pendant que Charlie arrive avec Chris Pratt dans les bras. Les autres viennent se coller derrière moi, prêts à immortaliser ce moment familial inoubliable.

Chacun vient inspecter la photo pour s'assurer que sa face est correcte. Chris n'a pas choisi son meilleur profil, mais je ne le lui dirai pas. Benoit sort ensuite un sac de guimauves et les nouveaux bâtons à l'épreuve du feu qu'il a achetés exprès pour ça. Pendant qu'il vante les mérites de son nouvel équipement, que Noémie et ma mère rigolent et que Charlie s'applique à faire griller sa guimauve de façon PARFAITEMENT égale, des quatre côtés, je prends une poignée de guimauves et je vais m'asseoir en solo. Sûrement qu'après une méga-dose de sucre, je vais me sentir un peu mieux. Charlie vient se coller contre moi, en soufflant sur la guimauve en feu qui est plantée au bout de son bâton. Elle me regarde tout à coup avec un drôle d'air.

— Henri.
— Quoi ?
— Je suis vraiment désolée.
— T'es désolée pour quoi ?

Au lieu de répondre, elle pointe le doigt vers les flammes. Je réalise alors que ce que je tiens dans ma main, c'est mon *selfie stick*. La guimauve qui grille au bout, c'est mon iPhone.

« Bonjour, tout le monde. Bon, je sais que vous ne voyez pas très bien mon visage, mais je vous promets que c'est bien moi, Henri Oh my God. Je suis désolé, aussi, pour les couleurs bizarres. J'ai dû filmer la vidéo avec ma webcam. Pendant mes vacances, une tragédie s'est abattue sur ma vie. Mon téléphone a pris feu et ma mère ne veut pas m'en acheter un neuf avant mon anniversaire, dans 71 jours. Si toi aussi, t'as déjà perdu quelque chose d'important, mets un like pour montrer ton soutien. Ça serait super apprécié, en cette période difficile. En attendant, voici cinq problèmes majeurs qui te guettent quand tu n'as pas de téléphone portable.

1. *Ne pas pouvoir aller instantanément sur Google quand tu débats avec quelqu'un pour lui prouver que t'as raison.*
2. *Ne pas pouvoir faire semblant d'être occupé quand tu es seul à l'arrêt de bus.*
3. *Quand tu veux appeler un ami, perdre un temps FOU à composer tous les chiffres de son numéro de téléphone.*

4. *Ne pas pouvoir jouer à* Clash of Clans *pour te détendre au milieu d'un devoir compliqué.*
5. *Ne pas pouvoir utiliser ta caméra comme un miroir portatif afin de vérifier si ta moustache a poussé.*

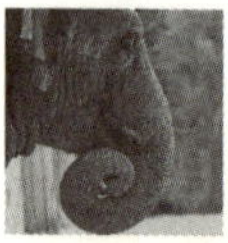

Dumbo_226

Téléphone perdu ? Catastrophe !!!!

J'aime Commenter

Simplement_raphie

Je pleure pour toi, Henri OMG.

J'aime Commenter

Marcopatate

Tout arrive pour une raison. Reste fort, Henri OMG

J'aime Commenter

SylvieBB

On t'envoie des pensées positives.

J'aime Commenter

Marcel_Deschesne_globetrotter

Jeune homme, il y a des problèmes pires que ça dans la vie. Marcel

J'aime Commenter

Pierre Blanchette

En ces moments difficiles, n'oublie pas de bien t'alimenter. Les probiotiques sont essentiels à l'entretien d'une bonne flore intestinale.

J'aime Commenter

CHRIS, UN IGUANE SURDOUÉ

C'est connu, l'adversité resserre les liens familiaux. Ce soir, Charlie, ma mère et moi avons mangé du Subway en regardant *Un dîner presque parfait*. Ma sœur a ensuite proposé qu'on fasse une partie de scrabble. Pendant que ma mère cherche un CD d'Isabelle Boulay dans la bibliothèque, je déplie la planche de jeu et j'inscris nos trois prénoms sur une feuille. Quand tout est prêt, Charlie va dans sa chambre et revient avec son iguane dans les bras. Elle le pose sur la table et ajoute le nom de Chris à côté du sien, sur la feuille de points. Ma mère réagit tout de suite :

— Charlie, tu vas pas sérieusement te mettre en équipe avec Chris pour jouer au scrabble ?
— De un, j'ai le droit de me mettre en équipe avec qui je veux. Et de deux, c'est pas parce que Chris est un animal qu'il est pas intelligent. En fait, j'ai de bonnes raisons de croire qu'il est carrément surdoué…

Ma mère éclate de rire. Charlie continue :

— Selon les tests que je lui ai fait passer, son QI animal se situerait autour de 136. À partir de 130, on peut officiellement parler de douance.

Ma mère ne se contrôle plus.

— Hahahahaha ! Le QI animal de Chris ! Hahahaha ! Charlie, je t'adore !
— C'est quoi, le rapport ?

Charlie fixe ma mère pendant au moins cinq secondes, puis recommence à parler :

— Bref, c'est bon pour son développement cognitif d'entendre des mots. Même s'il les comprend pas encore…

Ma mère est maintenant pliée en deux. Elle essuie les larmes au coin de ses yeux sans cesser de rire.

— Pas encore !! Elle a dit : même s'il les comprend pas encore !! Hahahaha !
— Pour son développement intellectuel, c'est important de le stimuler tous les jours. D'ailleurs, Henri, je t'ai préparé une nouvelle liste de consignes. Je l'ai laissée à côté du vivarium. Et, en passant, les animaux peuvent sentir notre énergie. Ça serait bien que t'essaies d'être un peu plus positif quand t'es avec lui.

Ma mère réussit presque à se maîtriser. Charlie finit d'installer Chris à côté d'elle et pioche des lettres dans le sac.

— Bon, on joue ?

3310 AVANT JÉSUS-CHRIST

Isabelle Boulay a chanté pendant plus de 50 minutes avant que notre partie de scrabble soit officiellement terminée. À chaque tour, ma sœur se penchait vers Chris Pratt et lui épelait lentement son mot. Au début, c'était drôle. À la fin, c'était long. Pendant que je range le jeu dans sa boîte, un faisceau de lumière balaie la fenêtre du salon. Je reconnais la camionnette de Benoit.

— Bonjour, tout le monde !

Il embrasse ma mère et dépose un petit sac sur la table.

— Tiens, Henri.
— C'est quoi ?
— Je sais que ton téléphone est important pour toi. Je trouve ça dommage, ce qui s'est passé au camping.

Ma mère me sourit. Elle est dans le coup. Benoit continue :

— J'ai trouvé un petit quelque chose qui devrait te faire plaisir.

Benoit fait un clin d'œil à ma mère et glisse le sac vers moi.

— Vas-y, ouvre-le.

Ils ont ENFIN entendu la voix du bon sens. Acheter un nouveau téléphone à ton fils quand le sien a pris feu, c'est LA BASE. J'écarte le papier de soie et plonge ma main dans le sac. Mes doigts fouillent et trouvent une boîte. Une boite d'iPhone 6. Mais, en l'ouvrant, ce n'est pas exactement un iPhone 6 que je découvre à l'intérieur. Ni même un iPhone 3 ou un iPhone première génération. Ce curieux engin est mille fois plus ancien que ça.

Benoit est fier de son coup.

— Alors, Henri, tu es content ? C'est chouette, non ?
— Euh... oui, c'est cool.
— C'est mon premier téléphone, du temps où je travaillais chez UPS ! Bon, c'est sûr que la fonction texto est pas tout à fait au point, mais il fait encore très bien le boulot. Tu vas voir, c'est pas tuable, ces petites machines-là !

Benoit vient de me léguer son premier téléphone portable. C'est important pour lui et j'en suis conscient.

— Merci, Benoit, c'est super gentil.
— Ça me fait plaisir, mon grand.

Benoit s'éloigne avec ma mère et je continue d'examiner attentivement le spécimen qui est devant moi. Tout d'abord, le Nokia 3310 a de « vrais » boutons. C'est la première fois que j'en vois sur un téléphone. Son écran ne couvre même pas 40 % de sa surface frontale. Il n'a pas de caméra. En fait, il ressemble davantage à une télécommande de télé qu'à un téléphone portable. Et pourquoi 3310 ? D'où vient ce chiffre ?

Mes hypothèses concernant la présence du chiffre 3310

→ 3310 minutes pour le faire démarrer

→ Pèse 3310 kilos

→ Fabriqué en 3310 AVANT Jésus-Christ

Non, ce téléphone ne devrait pas être ici. Benoit aurait plutôt dû l'offrir à un archéologue, car sa place est dans un musée. À côté du téléphone à cadran, du télégraphe et du pigeon voyageur. Ça fera l'affaire jusqu'à mon anniversaire, mais pas un jour de plus.

À: Henri Bastien
CC:
De: FABfest
Sujet: votre candidature au FABfest

Monsieur Bastien,

Nous vous remercions pour l'intérêt que vous portez au FABfest. Bien que nous aimerions pouvoir encourager les youtubeurs débutants, nous sommes forcés de privilégier ceux ayant un fort volume d'abonnés. Pour cette raison, nous ne pouvons accepter votre candidature. Nous espérons avoir la chance de vous recevoir un jour parmi nous, si votre chaîne continue de grandir.

Merci de votre compréhension et bonne chance.

FABfest, sponsorisé par le lait Lactel.

CHARLIE ET SON KARMA COULEUR SAUMON

Mon histoire avec Noémie, la perte de mon téléphone, le refus du FABfest… La seule chose dans ma vie qui n'est pas une catastrophe, c'est ma chaîne YouTube. Je vais me concentrer là-dessus pendant les prochains jours. Ce matin, à 6 h, j'étais déjà réveillé et je répondais à mes commentaires. Normalement, c'est assez facile. Mes abonnés me disent ce qu'ils pensent de ma dernière vidéo. Ou bien ils me font des suggestions, des blagues. Certains me posent des questions. Le tout saupoudré de quelques émojis. Rien de compliqué. Mais, depuis quelque temps, une nouvelle sorte de commentaires est apparue sous mes vidéos. Des messages un peu bizarres auxquels je ne sais pas trop quoi répondre.

Jocelyne_Latreille12

Monsieur Bastien. Mon mari et moi sommes passionnés de jardinage. Avez-vous l'intention d'aborder ce sujet dans une de vos capsules ? Bien à vous. Jocelyne

J'aime Commenter

Yves_Nadeau

Bonjour Henri, je viens de découvrir vos vidéos et c'est tout à fait admirable. Au plaisir de tchatter avec vous. Yves Nadeau.

J'aime Commenter

Roger_loup

Allo ? Vous m'entendez ?

J'aime Commenter

Il est 8 h 30 et je n'ai pas encore mangé. Après tout ce boulot, je suis certainement mûr pour un petit snack. Quand j'arrive en haut, ma mère finit de se mettre de l'eye-liner. Assise dans le salon, Charlie fixe la télévision éteinte. Son sac de piscine et sa boîte à lunch sont à ses pieds. Elle porte le t-shirt obligatoire du camp Les Petites Chenilles. Un magnifique t-shirt de couleur saumon.

Ma mère sort de la salle de bain. Elle traverse le salon, coiffée, maquillée, talons hauts, et s'adresse à ma sœur sans la regarder.

— On y va, ma grande.

Sans dire un mot, Charlie se lève et ramasse ses affaires. Ma mère ajoute :

— Aujourd'hui, Charlie, tu écoutes les consignes, d'accord ?

Hier, Charlie s'est fait rappeler à l'ordre parce qu'elle refusait de chanter avec le reste du groupe en se rendant à la piscine.

— Oui, maman, promis.

Je ne peux pas m'empêcher de trouver ça triste. Ma sœur qui accepte de se plier aux règles établies par les adultes. Aller au camp de jour, porter un t-shirt saumon, chanter *Si tu aimes le soleil* en marchant en file indienne. Avant de sortir, elle se retourne vers moi.

— Tu vas prendre soin de Chris, hein ?
— Promis, Charlie. Fais-moi confiance.

Charlie referme la porte. Je suis maintenant seul à la maison. La météo annonce 32°, le tube de crème solaire est plein aux trois quarts, et le fauteuil flottant de ma mère est déjà dans l'eau. Je suis prêt pour une journée spa-concept-détente, façon Henri Bastien.

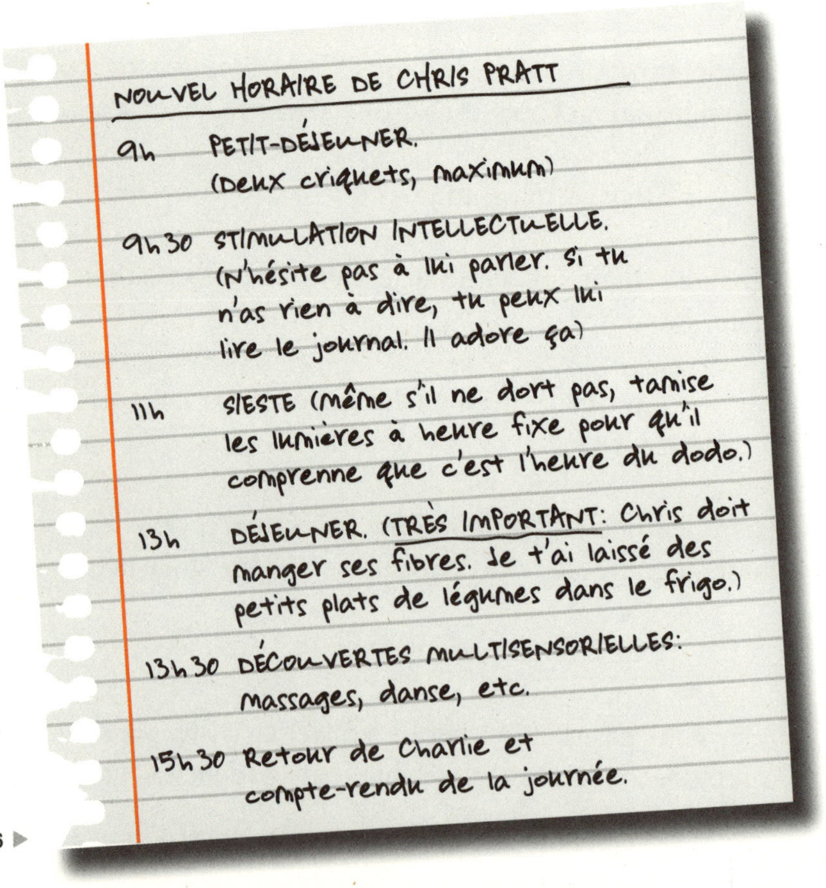
NOUVEL HORAIRE DE CHRIS PRATT

9h PETIT-DÉJEUNER.
(Deux criquets, maximum)

9h30 STIMULATION INTELLECTUELLE.
(N'hésite pas à lui parler. Si tu n'as rien à dire, tu peux lui lire le journal. Il adore ça)

11h SIESTE (même s'il ne dort pas, tamise les lumières à heure fixe pour qu'il comprenne que c'est l'heure du dodo.)

13h DÉJEUNER. (TRÈS IMPORTANT: Chris doit manger ses fibres. Je t'ai laissé des petits plats de légumes dans le frigo.)

13h30 DÉCOUVERTES MULTISENSORIELLES: massages, danse, etc.

15h30 Retour de Charlie et compte-rendu de la journée.

CHRIS VEUT GAGNER DES MILLIONS

J'ai toujours pensé que ma sœur était la plus lucide de la famille. Je me suis clairement trompé. M'occuper de son iguane, c'est un travail à temps plein. Ce matin, je me suis forcé ; je lui ai parlé météo et je lui ai fait sentir le bain moussant à la lavande de ma mère. Cet après-midi, ça me tente zéro.

J'apporte la cage dans le salon et j'installe ce brave iguane nain surdoué sur le sofa. Un peu de télé, ça n'a jamais fait de mal à personne. J'ai fait ça toute mon enfance et je suis devenu hyper cultivé. Aujourd'hui, je connais plein de personnages historiques comme Cyril Hanouna et Stéphane Bern, les publicités de Trivago n'ont plus aucun secret pour moi et je sais par cœur la chanson des bonbons Haribo. Après avoir zappé à travers un million de chaînes de décoration, je m'arrête à l'émission *Qui veut gagner des millions ?* et je ferme doucement les yeux.

Je suis réveillé par un drôle de bruit qui vient du sous-sol. Je ne sais pas combien de temps j'ai dormi. Assez longtemps, en tout cas. À côté de moi, Chris Pratt n'a pas fermé l'œil. Il est absorbé par une vieille rediffusion de *The Bachelor*. Tant pis pour sa sieste. Je lui refile deux-trois criquets en vitesse et je vide le Tupperware de légumes dans la poubelle. Charlie pourrait revenir à tout moment et découvrir que Chris n'a pas mangé ses fibres. Je préfère lui éviter ce traumatisme.

Le bruit recommence. Je descends dans ma chambre, où je trouve le Nokia 3310 en train d'entonner une symphonie de Beethoven version jeu vidéo des années 1980.

— Oui, allo.
— Allo, Henrichou, c'est maman !
— Salut, maman…
— Salut !
— Hum… qu'est-ce qu'il y a ?
— Rien. Je voulais juste essayer ton nouveau téléphone. Je vais être à la maison dans cinq minutes. À tout de suite, mon chou !!!

Je raccroche et je continue de fixer le Nokia 3310. C'est décidé, je ne pourrai pas vivre avec cet engin jusqu'à mon anniversaire. L'univers est simplement trop petit pour nous deux. J'allume mon ordi et je vais directement sur le site d'Apple.

PROFITEZ DE L'ÉVÉNEMENT « ÉTÉ EN FOLIE » DANS VOTRE APPLE STORE

L'iPhone 7 : 600 € → 386,76 €

Un tout nouveau système de caméra. L'écran le plus éclatant de son histoire. Une performance et une autonomie jamais vues sur iPhone. Une résistance aux éclaboussures et à l'eau. Des haut-parleurs stéréo. Et un design à la hauteur de sa puissance.

DÉPÊCHEZ-VOUS ! L'OFFRE SE TERMINE DANS **18 JOURS.**

C'est maintenant officiel. J'ai exactement 18 jours pour trouver 386 euros et 76 cents. À première vue, ça peut sembler impossible, mais j'ai une idée. Un plan en béton pour accomplir ce miracle. Je m'agenouille à côté de la poubelle de ma chambre et je plonge mes mains dans les retailles de crayon, les bouts de papier chiffonnés et les vieux kleenex. Je retrouve finalement le bout de carton que je cherchais. Un chewing-gum est collé dessus, mais je peux quand même lire le numéro de téléphone.

HENRI BASTIEN - ARTISTE CANIN

Pour ma première journée de travail, Tam m'a offert une formation gratuite en coquetterie canine. Dans son entrée de garage, il a installé la tonnelle de ses parents et a fixé sur son toit une grosse enseigne « Tam Coquetterie Canine ». C'est là qu'il fait ses affaires.

— Henri, je suis VRAIMENT désolé pour ton téléphone. Si je peux faire quoi que ce soit, tu me le dis, OK ?
— Merci, Tam, tes bons mots me font chaud au cœur.
— Promets-moi que tu vas tenir bon.
— Je sais pas si je vais y arriver, mais je vais essayer.

Avec le même air sérieux et rempli de compassion, il ajoute :

— Avec Noémie, ça s'est toujours pas arrangé ?
— C'est pas en voie de s'arranger non plus. Depuis que nos parents sortent ensemble, elle veut carrément rien savoir.
— Je suis désolé, *man*.
— Au moins, on est restés bons amis.
— Henri, toi et moi, on sait TRÈS BIEN que c'est encore PIRE, si vous êtes bons amis.

Tam a raison. Depuis que Noémie et moi sommes « bons amis », nous n'avons pas ri ensemble une seule fois. Il serait temps de remettre notre complicité à flot. La discussion dévie ensuite sur mon salaire. Chaque chien que je lave va me rapporter 5 €.

386,76€ ÷ 5€/CHIEN = 77,35

78 CHIENS À LAVER
POUR AVOIR
UN IPHONE 7

À première vue, ça me paraît injuste, considérant qu'on demande 20 € aux clients et que je fais tout le travail. Quand j'en parle à Tam, sa réponse est déjà toute prête :

— Tu sais, Henri, si je fais une exception avec toi, il va falloir que je le fasse avec tous mes employés.
— OK, mais je suis ton seul employé…
— C'était juste un exemple.

BIANCA ET MOI, C'EST FUSIONNEL

Toiletteur canin, c'est loin d'être mon emploi de rêve, mais c'est quand même agréable de pouvoir passer du temps avec Bianca. Pendant que je lui frictionne la bedaine avec une serviette chaude et qu'elle roucoule de bonheur, ce vieux Tam apparaît dans la tonnelle. D'un œil attendri, il me regarde travailler.

— Henri, je suis content que t'aies fini par accepter ta vraie vocation. Artiste canin, t'as ça dans le sang, mon gars.

— Merci, mais je crois pas que c'est ma vocation.

— Tu sais, je travaillerai pas toujours sous une tonnelle. Si t'as envie de t'investir à long terme, on pourrait réaliser des belles choses, toi et moi.

— C'est gentil, Tam, mais, comme je t'ai dit l'autre jour, j'ai d'autres ambitions.

— Comme tu veux. Bon. Es-tu prêt pour une petite pause ?

— Une pause ? Déjà ?

— Selon les normes du travail, t'as le droit à 15 minutes payées, pour chaque bloc de 4 heures.

— Bon, ben OK.

— Le salon du personnel est dans le garage. Tu vas voir, je nous ai préparé un SUPER snack !

Dans le garage, Tam a installé un fauteuil, un mini-frigo et une table de babyfoot. Un bol de sauce au fromage et un sac de Doritos sont posés sur une table en verre.

Une fois que je me suis servi des chips, Tam montre le jeu de babyfoot.

— As-tu envie de te détendre en jouant une petite partie, Henri ?

Pendant que, devant nous, les petits bonhommes rouges et jaunes font des *flips*, Tam m'explique le concept de ce salon du personnel digne des plus grandes multinationales :

— C'est prouvé que les entreprises qui traitent bien leurs employés ont une meilleure croissance à long terme. Regarde McDo. Ma cousine travaille là, et son boss lui paie ses études. Et regarde comme ça marche bien, le McDo.
— Tu vas payer mes études ?
— Henri, c'était juste un exemple.

Je mène 3 à 2 et, comme à chaque fois qu'il est en train de perdre dans un jeu, Tam est HYPER MÉGA sérieux. C'est l'occasion parfaite pour me moquer de lui.

— Tam…
— Quoi ?
— Ta cousine qui travaille au McDo, c'est ta fameuse cousine ? Tu sais, celle que t'as embrassée à Noël ?

Il continue un peu de jouer avant de répondre :

— Henri, je te trouve pas mal effronté…

Sa phrase n'est pas terminée, mais je sais déjà où il va en venir.

— … pour un gars qui sort tout juste d'une relation…

avec sa demi-sœur !

Message envoyé par Henri Bastien
Salut, Noémie, ça va?

Message envoyé par Noémie Audet St-Jean
Hey, Henri! Ça fait un bout de temps!

Message envoyé par Henri Bastien
Qu'est-ce que tu fais de beau aujourd'hui?

Message envoyé par Noémie Audet St-Jean
Pas grand-chose. Et toi?

Message envoyé par Henri Bastien
Pas grand-chose non plus...

Message envoyé par Noémie Audet St-Jean
OK.

Message envoyé par Henri Bastien
J'ai découvert une nouvelle série dernièrement. Ça s'appelle Grey's Anatomy. C'est TROP bon.

Message envoyé par Noémie Audet St-Jean
Hahahaha! Je connais! C'est vrai que c'est bon!

Message envoyé par Henri Bastien
Aurais-tu envie de venir chez moi regarder quelques épisodes? Mais juste en amis, hein, hahahaha!

Message envoyé par Noémie Audet St-Jean
Haha!

OMG! **Message envoyé par Henri Bastien**
Hahahahahaha!

Message envoyé par Noémie Audet St-Jean
En fait, je suis déjà à la saison 4. Je me vois mal recommencer du début…

OMG! **Message envoyé par Henri Bastien**
C'est clair. Pas de problème.

Message envoyé par Noémie Audet St-Jean
Je suis désolée.

OMG! **Message envoyé par Henri Bastien**
C'est rien. Je comprends. Bon, moi je vais y aller. J'ai des trucs à faire.

Message envoyé par Noémie Audet St-Jean
Ok! Bye! ☺

OMG! **Message envoyé par Henri Bastien**
Bye! ☺

↑
CE SMILEY NE REPRÉSENTE PAS MON ÉMOTION RÉELLE

PETITE SOIRÉE RELAX AVEC MON AMI CINÉPHILE

J'ai fini par trouver un ami avec qui regarder la saison 1 de *Grey's Anatomy*. J'ai tamisé les lumières de ma chambre, puis on s'est installés sur mon lit avec une petite couverture. C'est cool d'avoir quelqu'un avec qui partager cette nouvelle série passionnante. Chris Pratt est un sacré cinéphile. On vient de commencer notre troisième épisode en ligne et il n'a toujours pas cligné des yeux. Il semble littéralement passionné par les aventures du docteur Alex Karev.

Alors que le docteur Miranda effectue une amputation d'urgence et que le docteur Alex Karev essaie de faire bonne impression auprès de la directrice de l'hôpital, mon Nokia 3310 se met à sonner.

— Oui, allo.
— Henrichou !!! Henrichou !!!

— M'man, s'il te plaît, peux-tu arrêter de…
— Henri ! Allume la télé tout de suite !! Mets-la sur le 4 !
— Maman, je suis sérieux…
— Vas-y, Henri !!! Vite !!!!

Je sors de ma chambre et je vais allumer la télé du sous-sol, m'attendant à tomber sur un clip de Christophe Maé ou sur une publicité pour un nouvel appareil électroménager révolutionnaire. Ce que je vois à la place me scie les jambes. Ma vidéo de *Just Dance*. Celle que Charlie a tournée avec mon téléphone au restaurant Chez Dan. Ce n'est pas un rêve. Je suis bel et bien en train de passer à *Bonjour, Salut !*, la légendaire émission de télé que tout l'univers regarde, le matin, en mangeant ses céréales.

L'animateur est assis avec une chroniqueuse que je connais bien. Micheline Michaud.

— Oui, c'est un événement qui a été organisé par un jeune youtubeur qui s'appelle Henri OMG…

Mon cœur se laisse imprégner par les paroles de Micheline Michaud, comme un biscuit Oreo dans un verre de lait froid.

— Tu sais, il y a des préjugés qui circulent au sujet des ados. On dit qu'ils sont paresseux, qu'ils sont toujours sur les réseaux sociaux ou qu'ils n'ont pas de motivation. J'ai eu la chance d'assister à l'événement, dans un restaurant de la région. Je peux te dire que j'ai trouvé ça extrêmement inspirant et rafraîchissant !

L'animateur approuve d'un mouvement de tête et demande :

— Wow ! Et quel est le nom de ce jeune youtubeur ?
— Henri Oh my God.
— Parfait. Le lien est sur la page Facebook de *Bonjour, Salut !* On vous invite à aller voir ça, à la maison, si vous voulez découvrir un adolescent inspirant. Maintenant, Micheline, tu veux nous parler d'huiles essentielles, je crois ?
— Exactement. En particulier de l'huile essentielle de mélèze…

J'éteins la télé. Facebook est déjà ouvert sur mon ordi. Sur la page de *Bonjour, Salut !*, ma vidéo est la première en haut. Avec un lien vers ma chaîne.

Abonnés 1019

« Salut, tout le monde. Mon nom, c'est Henri Oh my God et, aujourd'hui, je SUIS FOU DE JOIE !! Je pensais jamais arriver là un jour mais, grâce à vous, c'est devenu une réalité ! Ce matin, en me réveillant, j'avais officiellement atteint la barre des 1000 abonnés ! Comme dans "c'est fou !!". Comme dans "J'HALLUCINE !!" et j'ai juste envie de dire :

Wazaaa !!!!!! »

Eden_Joseph

Wazaaaaa !!!!!

J'aime Commenter

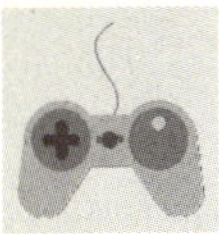

Jackson Beaulieu

WOOOOWWW !!!

Trop fort !!

J'aime Commenter

SSSDANY

Hahahaha ! Ça me rappelle le wazaaaa de Squeezie !!

J'aime Commenter

Henri OMG

Wazzaaaa !!!!

J'aime Commenter

Pierre Blanchette

Waza Wazabi !!

J'aime Commenter

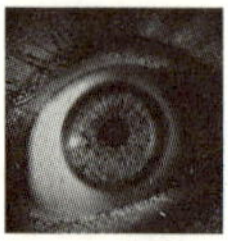

Johanne Lalancette

Est-ce un calembour ? Si oui, je ne suis pas certaine de comprendre. Johanne.

J'aime Commenter

Clément Patenaude

Henri, je ne comprends pas pourquoi vous dites cela. Pouvez-vous m'expliquer, s'il vous plaît ? Clément.

J'aime Commenter

Petitsplatsmaison

J'ai hâte que tu fasses d'autres vidéos inspirantes… Berthe

J'aime Commenter

56

« La vie est un miracle
qui se renouvelle
à chaque instant »

RENCONTRE AVEC UNE LÉGENDE

Benoit nous a invités chez lui pour célébrer l'anniversaire de ma mère. Cette semaine, Charlie et moi, on est allés espionner ses tableaux Pinterest pour trouver des cadeaux. Notre choix s'est arrêté sur un bol à salade en bois style scandinave. Vers 3 h, je prends mon vélo et je traverse la ville pour me rendre au centre commercial. J'accroche ma bicyclette au support, face au Domino's Pizza, et j'entre par l'allée centrale. Devant moi, le magasin Apple brille de mille feux. Derrière le comptoir, le vendeur fait étinceler la vitre avec du nettoyant pour vitres et du papier essuie-tout.

PROFITEZ DE L'ÉVÉNEMENT « ÉTÉ EN FOLIE » DANS VOTRE APPLE STORE

L'iPhone 7 : 600 € → 386,76 €

Un tout nouveau système de caméra. L'écran le plus éclatant de son histoire. Une performance et une autonomie jamais vues sur iPhone. Une résistance aux éclaboussures et à l'eau. Des haut-parleurs stéréo. Et un design à la hauteur de sa puissance.

DÉPÊCHEZ-VOUS ! L'OFFRE SE TERMINE DANS **11 JOURS.**

Pour que cet iPhone 7 soit à moi, je dois encore laver 51 chiens en 11 jours. C'est extrême, mais ça peut se faire. À condition de garder le focus et de savonner ces braves canidés comme si ma vie en dépendait. Le bol à salade que je suis venu chercher est en solde dans la vitrine, à côté d'un panier rempli de fausses poires et d'un coussin fuchsia avec « *love, laugh, live* » écrit dessus. Quand j'arrive devant elle, la caissière me regarde et s'exclame :

— Hé, Je te connais, toi… T'es le neveu de Lucie Francoeur !
— Oui, c'est moi.
— C'est toi qui fais des vidéos sur l'internet !
— Sur YouTube, oui, c'est ça.
— J'ai vu ta vidéo de danse. Wow, c'était tellement beau !
— Euh… ben merci.
— En passant, moi, c'est Denise. Denise Prudhomme.

Je n'arrive pas à croire que je suis en train de parler avec la seule et unique Denise Prudhomme. Pendant qu'elle décolle avec l'ongle de son pouce l'étiquette orange fluo qui indique le prix, j'inspecte Denise Prudhomme pour voir si je n'apercevrais pas, dépassant du col de sa blouse, une plaque d'urticaire purulente ou un kyste gros comme un kiwi. Mais je ne trouve rien. Denise Prudhomme n'est pas la mutante modifiée génétiquement que j'imaginais.

— En tout cas, Henri, je suis tellement contente de vous rencontrer ! Attendez que je dise ça à Sylvie et Josée. Elles vont halluciner !

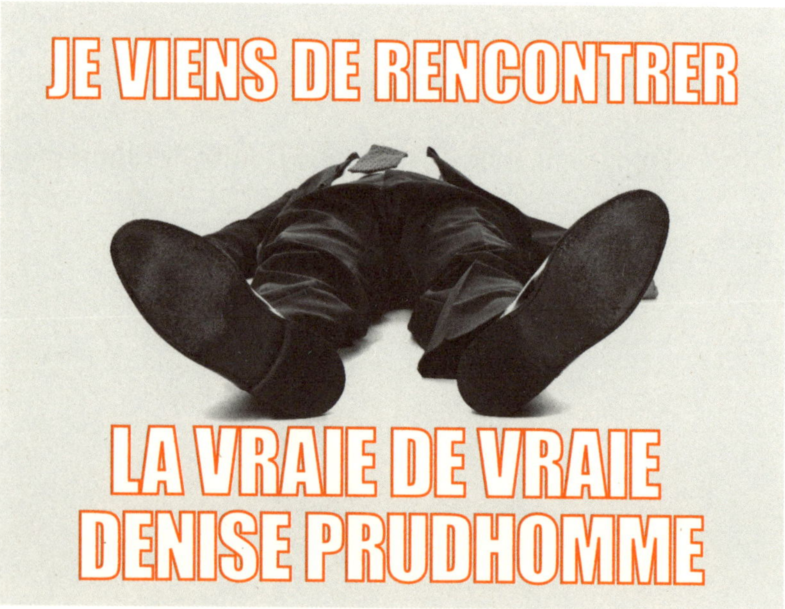

TANTE LUCIE DANSE LE *REGGAETON*

Sur la porte de chez Noémie, il y a un bouquet de ballons et un carton mauve sur lequel il est écrit « bon anniversaire ». À l'intérieur, l'ambiance est digne d'un *dance club*. Ma mère et tante Lucie font des mouvements de *reggaeton* sur du Justin Timberlake, à côté du bol de punch pour adultes. Sur le mur, derrière l'étagère à CD, un immense 43 a été confectionné avec des fleurs en plastique roses. Dans la cuisine, Noémie et son père préparent le dîner pendant que Charlie s'applique pour mettre la table. Ça me touche de voir tout le monde s'impliquer comme ça pour l'anniversaire de ma mère.

Benoit a fait mariner ses steaks de bœuf toute la nuit. Pendant qu'il commence à servir les assiettes, ma tante Lucie parle de son nouveau *prospect** : monsieur Blanchette.

* *Prospect* - Personne digne d'intérêt, client potentiel.

— Il est pas juste beau, il est tellement cultivé ! Quel homme !

On l'écoute nous raconter comment elle l'a espionné sur Facebook pendant des jours avant d'oser lui envoyer une demande d'amitié. Lucie sort ensuite son téléphone et nous fait lire les premiers messages qu'ils ont échangés.

Lucie Francœur
Pierre, c'est un privilège de faire partie
des amis Facebook d'un homme comme vous.

J'aime Commenter

Pierre Blanchette
Merci, chère Lucie. Vous me flattez.
Cordialement. Pierre.

J'aime Commenter

Lucie Francœur
Flatter quelqu'un en personne,
c'est encore mieux que de le faire sur internet…

J'aime Commenter

Charlie met brusquement fin à la complicité intergénérationnelle qui était en train de s'installer. Elle repousse l'assiette que Benoit a posée devant elle.

— Désolée, mais je vais poliment passer mon tour.

On la suit tous des yeux pendant qu'elle va fouiller dans son sac à dos et revient avec une boîte à lunch. Elle sort un wrap bizarre et un sac en plastique rempli d'un truc tout aussi étrange. Ça agace visiblement ma mère.

— Charlie, c'est quoi, ça ?
— Un wrap aux pois chiches et des chips de courgette.
— Ben, voyons. C'est une blague ? Depuis quand t'aimes pas le steak ?

— J'ai décidé de devenir végane. Par solidarité pour Chris.

— Pardon ?

— Tu sais, m'man, on est tous des animaux. Manger de la viande, c'est un peu comme du cannibalisme.

— Charlie, s'il te plaît… J'admire ta solidarité envers les membres du règne animal, mais est-ce que ça peut attendre demain ? Ce soir, c'est mon anniversaire, et on mange du bœuf que Benoit s'est donné beaucoup de mal à préparer.

Charlie roule les yeux en mordant dans son wrap aux fougères germées pendant que Benoit regarde sa compagne, espérant qu'elle prenne les choses en main. À la place, ma mère se contente de hausser les épaules pour signifier qu'elle ne peut tout de même pas forcer ma sœur à manger de la viande. C'en est trop, Benoit ne peut plus se retenir :

— En tout cas, Charlie, tu ferais bien de le surveiller, ton reptile, parce que, l'iguane mariné, il paraît que c'est excellent.

Benoit sourit, la bouche pleine de viande, et ajoute :

— Un iguane grillé… un problème de réglé.

Après avoir bien ri de son jeu de mots, il essaie de se racheter.

— Charlie, c'est une blague. Voyons, ne le prends pas comme ça.

Charlie ne répond pas. Elle regarde devant elle en mastiquant lentement son wrap aux pois chiches.

LA FOIS OÙ MA MÈRE S'EST TRANSFORMÉE EN TONNELLE HUMAINE

Pendant le dîner, Benoit est parti dans une longue envolée au sujet de la télécommande universelle qu'il vient d'acheter. Le genre de manette bionique qui peut contrôler la télé, le lecteur DVD et même l'air climatisé. Le dessert a été servi et c'est maintenant le moment d'offrir les cadeaux. Tante Lucie donne à ma mère des boucles d'oreilles mauves qui sont censées purifier l'aura de la personne qui les porte. Ma mère les met et son aura se transforme aussitôt, pour devenir nettement plus…

Noémie lui a fabriqué une carte. Je ne sais pas ce qui est écrit à l'intérieur, mais quand ma mère finit de la lire, elle lui fait un long câlin. C'est maintenant le tour de Benoit. Vu le temps qu'il a mis à préparer la soirée, on s'attend tous à quelque chose de gros. Au final, c'est plutôt un gros MALAISE qu'il crée en offrant à ma mère…

Mais le plus inquiétant dans tout ça, c'est que ma mère semble sincèrement ravie. Pendant qu'elle enfile la combinaison en moustiquaire et qu'elle se transforme lentement en tonnelle humaine, ma sœur passe subtilement derrière elle. Dans le malaise général, personne ne voit Charlie entrouvrir la porte-fenêtre et lancer la télécommande universelle de Benoit de l'autre côté de la haie de cèdres.

CHARLIE BASTIEN IS BACK

Comme quelqu'un qui ne peut s'empêcher de jeter un coup d'œil à son reflet chaque fois qu'il passe devant une vitre, je ne peux m'empêcher de jeter un coup d'œil aux stats de ma chaîne chaque fois que je passe devant un ordinateur. C'est plus fort que moi.

NOM DE LA CHAÎNE : HENRI OMG

CRÉATION : il y a 10 mois

VIDÉOS (18)

Henri OMG – le roi du DIY : 71 vues

4 life hacks que tu dois absolument connaître si tu vas au lycée : 108 vues

Cherche pas Henri OMG, surtout si t'es une pastèque !!! (vidéo supprimée)

Images exclusives de la plus grosse soirée de l'année! : 360 vues

Ce smoothie est carrément dangereux !!! : 356 vues

Girlfriend does boyfriend make-up, avec Simplement Raphie : (vidéo supprimée)

Un petit like pour Zackary : 479 vues

Lettre d'amour pour Noémie (vidéo supprimée)

Henri OMG répond à vos questions ! : 821 vues

Le lycée PL : une école qui a la cote (vidéo supprimée)

Mon amoureuse répond à vos questions ! (vidéo supprimée)

Henri OMG teste une recette trouvée sur Pinterest !!! : 231 vues

TOP 3 : nés dans la bonne famille ! (vidéo supprimée)

Accès VIP à SMASH, le gala des émissions jeunesse !! : 856 vues

Henri OMG version de course : 913 vues

HENRI OMG bat un record municipal à JUST DANCE!!! : 5 451 vues

La vie sans mon portable : 2 341 vues

Wazaaa !!!!!! : 3671 vues

NOMBRE DE VUES AU TOTAL : 15 737

ABONNÉS : 1 326

C'est complètement FOU, ce qui se passe depuis que Micheline Michaud a parlé de moi à la télé. Même que, des fois, je n'y crois pas. Dans ces moments-là, je retourne sur la page de Henri OMG et je regarde les chiffres, histoire de me convaincre que c'est vrai. C'est bizarre d'être à la fois HYPER excité et seul dans sa chambre. Je n'ai personne avec qui partager la joie intense que je ressens au fond de moi-même.

Quelqu'un frappe à ma porte. C'est Charlie. Elle entre et se fige en me voyant dans un tel état d'euphorie.

— T'as l'air excité.

— Bien sûr que je suis excité ! J'hallucine !

J'aurais envie de lui dire à quel point le fait d'avoir 1326 abonnés est un événement d'importance intergalactique dans ma carrière de youtubeur mais, visiblement, Charlie n'est pas ici pour entendre parler de mon bonheur.

— Comment t'as trouvé la soirée ?
— Ça allait. M'man avait l'air contente.
— Pourquoi t'avoues pas que t'as trouvé ça nul ?
— J'ai pas trouvé ça SI nul que ça. Je veux dire : Benoit s'est quand même forcé pour faire plaisir à m'man. Elle avait l'air contente.

Charlie continue son va-et-vient.

— En tout cas, moi, j'ai atteint ma limite. Ce soir, il est allé trop loin.
— Benoit ?
— Duh !!!! Qu'il se moque de moi parce que je suis végane, ça passe encore. Mais qu'il se mette à parler de Chris comme il l'a fait, et dans son dos en plus ! C'est juste non !!

Je regarde Charlie en me demandant si je devrais rire ou m'inquiéter. Elle continue. Ce qu'elle dit ensuite me confirme le pire.

— Henri ! Chris est encore un enfant !

Elle s'arrête devant moi et me regarde droit dans les yeux.

— Donc maintenant, moi aussi, je veux que maman et Benoit se séparent.
— Comment ça, « moi aussi » ? J'ai jamais dit que je voulais qu'ils se séparent.

— Henri, t'es un très mauvais menteur. Au camping, j'ai entendu ta discussion avec Noémie. Une table de pique-nique, c'est pas insonorisé, tu sais.
— T'as entendu quoi, exactement ?
— J'ai pas raté un mot. Je sais que t'aimes encore Noémie. Je sais que vous avez cassé parce que maman sort avec Benoit. Je sais que Noémie préfère avoir une vraie famille que sortir avec toi. Je sais que…
— OK, c'est bon !

Ma sœur me laisse reprendre mes esprits, avant d'ajouter :

— Et je suis sûre que si Benoit était pas là, ça fait longtemps que maman t'aurait acheté un nouveau téléphone…
— …
— Henri, tu sais que j'ai raison. Ce gars-là, faut qu'il parte.

Avant de sortir de ma chambre, elle conclut en disant :

— D'autres détails suivront. Bonne nuit.

Me voilà impliqué dans un obscur complot familial, en équipe avec ma sœur et un iguane nain prépubère. C'est tout simplement…

SENSASS

À côté de moi, ma mère est hyper excitée. Ça fait des lunes qu'elle rêve de faire une vidéo avec son fils youtubeur. Pour l'occasion, elle porte un bandana et les nouvelles boucles d'oreilles que Lucie lui a données à son anniversaire.
« Bonjour à vous. Je suis Henri. Ce matin, on fait un projet brico super inspirant, en compagnie de ma mère ! Salut maman.

— Salut mon chou !

Donc, aujourd'hui, je vous montre comment fabriquer un outil extraordinaire qui va vous aider à réaliser tous vos rêves. Ça s'appelle un tableau de visualisation. Qu'est-ce qu'un tableau de visualisation ? C'est simple. C'est un endroit où vous regroupez des images et des phrases qui correspondent à ce que vous désirez le plus dans la vie. Ça peut être des choses précises comme un voyage que vous voulez faire, ou bien des émotions comme de l'amour ou de la confiance en soi. Chaque jour, prenez un moment pour contempler votre tableau. Mais attention. Vous pourriez être très surpris par les résultats ! Aujourd'hui, maman, si je t'ai invitée, c'est parce qu'ensemble, on va construire TON tableau de visualisation à toi.

— Oh mon Dieu. J'ai tellement hâte !

Ça te tente ? T'es prête ?

— Henri, je suis TELLEMENT prête !

Parfait. Ça commence dans trois, deux, un... »

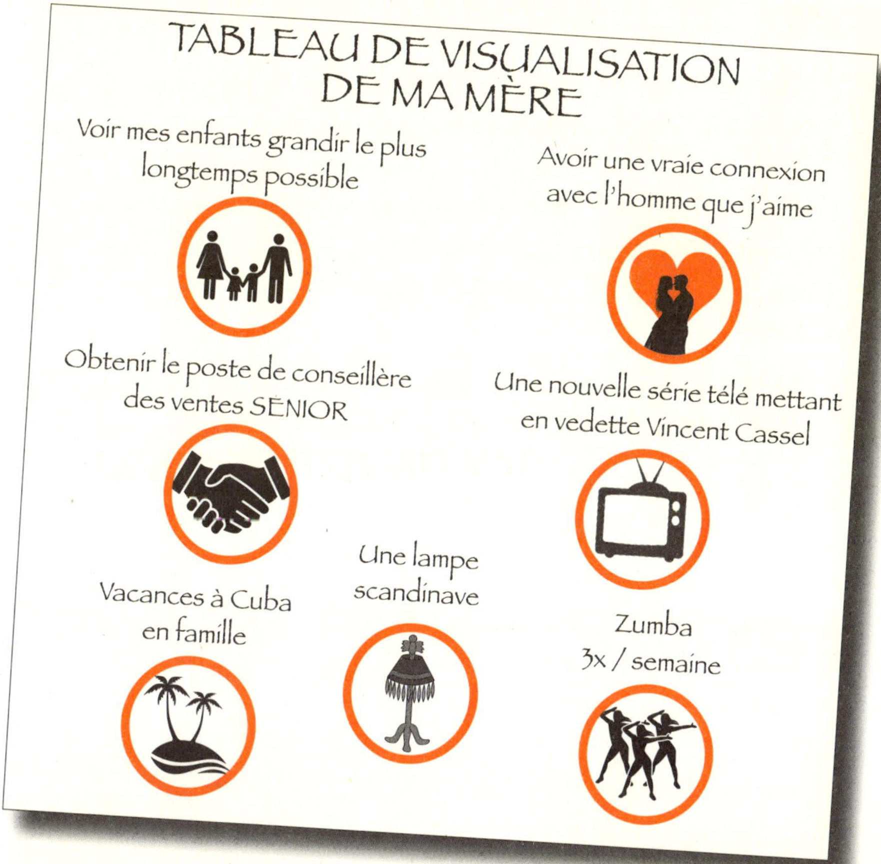

Le youtubeur Henri OMG a vraiment le cœur sur la patte

Article publicitaire paru dans la revue *Le Bel Âge*

En plus d'être une vedette sur YouTube, celui qu'on a récemment vu à l'émission *Bonjour, Salut !*, n'a pas peur de se mouiller pour aider les animaux. Chaque semaine, le jeune homme que plusieurs qualifient de surdoué du toilettage canin s'investit corps et âme afin de redonner un peu de dignité à ces pauvres bêtes.

« Henri a vraiment une touche magique avec les chiens. » (Paul D.)

« Ce gars-là est un magicien du toilettage. » (Mathieu G.)

« Je le recommande à tous mes amis qui ont des chiens. » (Guylaine M.)

Pour tous ceux qui aimeraient faire laver leur animal par une vedette du web, sachez qu'Henri OMG sera présent lundi prochain chez **TAM COQUETTERIE CANINE**.

Prenez rendez-vous dès maintenant.
Les places sont limitées.

Pour plus d'informations,
contactez Tam Gauthier-Hung,
au **06-10-00-25-56**

Source : Tam Média

LE BICARBONATE DE SOUDE EST UN INGRÉDIENT ESSENTIEL

Message envoyé par Tam Gauthier-Hung
Henri OMG, j'espère que t'es prêt. Y a déjà du monde qui attend devant chez nous… Peux-tu passer à l'épicerie acheter du bicarbonate de soude? J'ai peur qu'on en manque.

Le bicarbonate de soude est un produit essentiel pour faire disparaître les taches tenaces sur le pelage des chiens. Tam a raison. Si on en manque aujourd'hui, on est dans le pétrin. En me rendant chez lui à vélo, je fais un détour rapide par l'épicerie, histoire de protéger nos arrières en cas de journée extra épique. Dès que j'entre dans le magasin, j'ai un flash-back. Je n'étais pas revenu ici depuis l'automne dernier, quand je me rendais à la soirée chez Léo avec Tam. Le fameux soir où j'ai parlé avec Noémie pour la première fois.

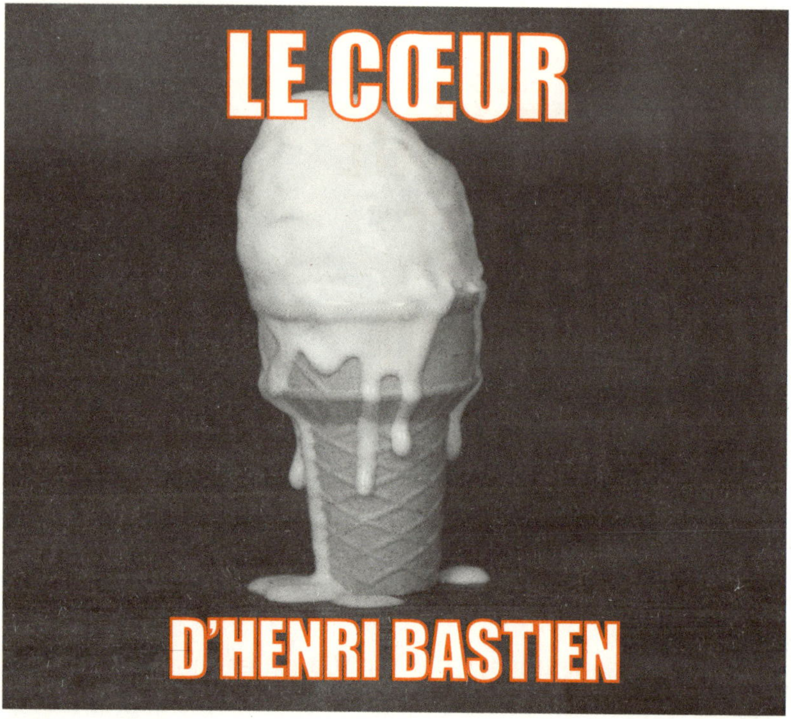

Après un bref moment de nostalgie, je trouve l'allée des produits ménagers et j'attrape trois boîtes de bicarbonate. Dehors, je grimpe sur mon vélo, mais quand je m'apprête à repartir, mon chemin est bloqué par des enfants qui marchent à la file indienne. Des enfants qui portent tous un t-shirt saumon.

— T'avais pas une activité avec Chris Pratt à 9 h 30, toi ?

Charlie a la face beurrée de crème solaire. Elle transporte son sac à dos, sa boîte à lunch et sa serviette de plage.

— Hey, Charlie, ça va ? Tu vas à la piscine ? Cool !
— Change pas de sujet. Pourquoi t'es pas avec Chris ?

— Ben… euh… en fait, Charlie, je voulais t'en parler. Ces temps-ci, j'ai comme plein de trucs à faire, et… euh… j'ai moins le temps de…

Elle me fixe, pendant que ses amis continuent de s'éloigner. Le regard culpabilisateur est une des stratégies classiques de ma sœur.

— Qui va le stimuler intellectuellement ?
— Au pire, mets-lui des vidéos de *Dora l'exploratrice*.

— Henri, la télé avant deux ans, c'est fortement déconseillé. Mais ça, tu devrais le savoir… À moins que t'aies pas lu la documentation que je t'ai donnée sur les besoins du nourrisson…

Ma non-réponse veut tout dire. Au même moment, une fille d'environ mon âge se détache du peloton et court vers nous. C'est sûrement sa monitrice.

— Tu viens, Charlie ?

La fille a des couettes et des lunettes de soleil sur le dessus de la tête. Je n'aurais jamais pensé dire ça un jour, mais le saumon lui va à ravir. Elle réalise soudainement que je suis là.

— Bonjour, on peut vous aider ?
— Salut, je suis le grand frère de Charlie.
— Ah ! C'est toi, Henri ?
— En effet.
— Charlie n'arrête pas de parler de toi.

Charlie réagit en continuant de faire la moue.

— Han, trop pas vrai…

La monitrice me tend la main.

— Moi, c'est Clémentine…

Elle arrête de parler et éclate de rire. Sa voix s'envole dans le ciel d'été comme une poignée d'oiseaux multicolores.

— J'aimerais te dire mon vrai nom, mais… ben… j'ai pas le droit.
— Ah, c'est rien. Clémentine, c'est… c'est parfait.

J'ai la bouche ouverte, mais plus rien n'en sort. Clémentine interrompt le supplice en se tournant vers ma sœur.

— Bon, allez, Charlie, on va jouer à la sentinelle dans le parc. T'es pas obligée de participer, mais il faut quand même que tu suives le groupe, OK ?

Ma sœur et sa monitrice se dépêchent d'aller rejoindre le reste des petites chenilles. En chemin, Clémentine se retourne. Peut-être que ses yeux visent le support à vélos qui se trouve juste derrière. Peut-être aussi que c'est moi qu'elle regarde comme ça. Je vais choisir la deuxième option.

ELLE M'A REGARDÉ

CÔTÉ BUSINESS

La publicité que Tam a affichée dans la revue *Le Bel Âge* a fait son effet. Une douzaine de voitures font la file devant la tonnelle de Tam Coquetterie Canine. Derrière les vitres ouvertes des autos, de gros toutous à la langue sortie attendent patiemment que le « célèbre Henri OMG » les savonne. Dès que je descends de mon vélo, Tam vient m'accueillir.

— Hey, c'est mon toiletteur vedette !

Je reconnais la lueur dans ses yeux. Ils avaient le même éclat la fois où on avait annoncé une promo « deux pour un » au Dairy Queen pour faire mousser les abonnements à ma chaîne. Tam continue :

— Regarde ce qu'on va faire. Toi, tu laves pendant que, moi, j'en mets plein la vue aux clients.

En allant chercher le tuyau d'arrosage dans le garage, j'aperçois Bianca, le museau collé à la fenêtre du salon. Elle doit penser que tous ces chiens sont venus pour la voir. C'est triste. Je reviens m'installer dans la tonnelle, pendant que Tam accueille la première cliente :

— Bonjour, madame ! On vous sert quelque chose à boire ? Un jus d'ananas, un Perrier ? Il y a un petit coin détente dans le cabanon. Yoga, musique relaxante et même notre tout nouveau fauteuil massant. Vous allez voir. On va vous traiter aux petits oignons ! Connaissez-vous notre promotion ? Normalement, il y a un extra pour le revitalisant extra soyeux, mais, aujourd'hui, c'est moi qui vous l'offre !

Pendant que la cliente sort son chien de la voiture, je m'approche subtilement de Tam.

— Tam, y a jamais eu d'extra pour le revitalisant…

Il me répond à voix basse, tout en faisant signe de la main au chauffeur d'une voiture qui vient d'arriver :

— Henri, je t'adore. Mais, côté business, tu as encore tellement à apprendre…

ADIEU, MANGA BOY

J'ai tellement trempé mes mains dans l'eau savonneuse qu'elles ressemblent à deux vieux torchons. À force de me faire lécher la face, j'ai la moitié du visage recouvert d'une épaisse couche de bave séchée. Sans parler de l'odeur de vieux chien qui s'est imprégnée en moi jusqu'au fond des os. Vers 3 h, l'affluence diminue et j'ai ENFIN le temps de manger. Pendant que je mords dans mon sandwich aux œufs, ma calculatrice mentale se met en marche. Encore 19 chiens à laver et j'aurai atteint le chiffre magique de 386,76 €. Je pourrai alors mener la vie de mes rêves, muni d'un téléphone de niveau expert.

Pendant que je finis mon sandwich, un nouveau client apparaît au bout de la rue. Il est en roller et tient son chien au bout d'une laisse. Un petit boxer à poil court et aux bajoues bien pendantes.

— Salut, les gars !

Zack s'assoit sur le gazon et commence à détacher les velcros de ses patins. Tam se précipite tout de suite vers lui.

— Attends, Zack ! Laisse-moi t'aider !

Il prend les patins de Zackary et continue de parler :

— Je te sers quelque chose ? Une limonade ? Un petit jus de pomme ?
— Non merci, *man*. J'ai pas soif. Je suis juste venu voir la vedette du web ! Hahahaha !

Zack commence à marcher vers moi en souriant, avec son chien à côté de lui. Tam le rattrape.

— Tu veux pas essayer notre tout nouveau salon détente pour les clients ?
— Non, *man*. Je suis bien comme ça.

Bianca vient d'apparaître dans le garage. La porte devait être mal fermée. Dès que le chien de Zack l'aperçoit, ils se mettent tous les deux à aboyer. Tam intervient :

— Bianca, non ! Chut ! Dans la maison ! Tout de suite !

Tam ramène Bianca à l'intérieur et je reste seul avec Zack et son chien. C'est bizarre, depuis que Tam n'est plus là, Zack a l'air mal à l'aise. Il ne me regarde pas, fait rouler un caillou avec le bout de sa chaussure. Ce n'est pas son genre.

— Et alors, Zack, depuis quand t'as un chien ?
— Mon père me l'a acheté pour me tenir compagnie quand je me suis cassé la jambe. Le pire, c'est que j'aimais pas vraiment les chiens, mais je me suis attaché super vite. Il s'appelle Naruto. Il est mignon, hein ?

J'ouvre le tuyau d'arrosage et je commence à mouiller Naruto à gros jets. Je ferme l'eau et je le savonne bien comme il faut. Ça crée un nouveau silence.

— Henri, faut que je te dise un truc.
— Je t'écoute.
— Mais ne le prends pas mal, OK ?
— Voyons, Zack, on se connaît depuis longtemps, y a pas de stress.

Il se frotte les mains en fixant le gazon à côté de moi. Ses épaules sont crispées. On dirait qu'il a froid.

— En fait, Henri, j'ai l'intention de me désabonner de ta chaîne.
— Ah… euh… OK. C'est vraiment pas grave. Ne te sens pas mal pour ça.
— Je voulais t'en parler. Pour pas que tu sois surpris.

Je commence à rincer la tête de Naruto délicatement, en commençant par les gros plis derrière ses oreilles. Je préférerais que Zack arrête de parler. Que je finisse de laver son chien et qu'on passe à autre chose.

— Tu sais, Henri, les vidéos « inspirantes » comme tu fais depuis quelque temps, c'est… cool. C'est juste pas trop mon style, donc… ça serait un peu bête de rester abonné à une chaîne que je regarde pas vraiment.
— C'est rien, *man*. Je te le dis, stresse pas avec ça.

Pendant que je sèche Naruto avec une serviette de plage, Tam sort de la maison et vient inspecter la bête.

— Henri, t'es un magicien. Magnifique boulot. Zack, ça fera 20 €.

Zack sort un vieux billet de sa poche et éclate de rire en voyant Naruto me lécher les chevilles.

— Naruto l'adore ! Regarde ça !

Tam acquiesce avec fierté :

— Henri est un toiletteur-né. C'est pas tous les jours qu'on rencontre un diamant brut comme lui. Tiens, prends une carte Toutou Passion. Après 10 toilettages, t'as le onzième gratuit.

Zack glisse la carte dans sa poche, attrape la laisse de Naruto et va s'asseoir sur le gazon pour remettre ses rollers. Il se relève et nous salue en agitant la main.

— Merci, les gars ! Et comme diraient les Grecs… FÉTA-tention à vous !!! Hahahaha !

Zack donne ses premiers coups de patins et commence à s'éloigner, avec Naruto qui court devant lui. Zackary Marchand, mon plus grand fan, le troisième abonné de l'histoire d'Henri OMG, a quitté ma chaîne.

LE PRESQUE SOURIRE DE CHARLIE BASTIEN

La première chose que je fais en arrivant à la maison, c'est sauter dans la douche pour enlever la salive séchée qui recouvre au moins 80 % de mon visage. J'en profite aussi pour me sabler le museau avec la nouvelle crème exfoliante de ma mère et je sors de la salle de bain, transporté par le parfum enivrant du fruit de la passion. Dans le salon, Charlie joue à un jeu avec Chris Pratt. Sous l'œil attentif de son iguane, elle secoue une boîte transparente remplie de petites lettres, puis écrit un maximum de mots le temps que le sablier se vide.

— Charlie, es-tu vraiment en train de jouer au Boggle avec Chris Pratt ?

Elle me jette un regard noir.

— J'ai pas le choix. Avec le retard intellectuel qu'il a accumulé sous ta supervision, on a du rattrapage à faire.

Je prends un reste de lasagne dans le frigo et la mets dans le micro-ondes. Pendant qu'elle chauffe, je feuillette le *Cuisine Actuelle* qui traîne sur le comptoir. Ma mère passe dans le corridor en courant, pourchassée par Benoit. Ils entrent dans la cuisine et se mettent à jouer à chat autour de la table. Charlie lève les yeux vers eux.

— En tout cas… je pensais qu'on avait pas le droit de courir dans la maison…

Sans arrêter son petit jeu mignon avec Benoit, ma mère répond :

— Ah, Charlie. T'es nulle.
— Je suis pas nulle, je fais juste appliquer les règlements. Des règlements qui sont en place… DEPUIS QUE JE SUIS NÉE !

Ma mère ne répond pas. Benoit vient de l'attraper et lui grignote le cou pendant qu'elle rigole comme une gamine. Charlie soupire et dépose son crayon. Elle se lève, ramasse les fleurs dans le vase qui est posé sur la table et les jette à la poubelle. Elle va ensuite se planter devant eux, les bras croisés. Ma mère est trop confuse pour être fâchée.

— Voyons, Charlie, qu'est-ce que tu fais ?

Ma mère se dépêche d'aller sauver le bouquet, mais Benoit l'arrête.

— Anne.
— Quoi ?
— Viens ici une minute.

Benoit entraîne ma mère dans le salon. Ils se mettent à chuchoter, mais on comprend tout ce qu'ils disent.

— Anne, voyons, elle te provoque ! Si tu ramasses les fleurs à sa place, tu l'encourages carrément à recommencer !
— Je sais… mais qu'est-ce que tu veux que je fasse ?
— Sois un peu plus autoritaire. Allez, tu en es capable.

Ma mère revient se planter devant Charlie. Je reconnais cette expression qu'elle a quand elle essaie d'avoir l'air calme, mais qu'elle bouillonne à l'intérieur.

— Charlie, ton comportement est inacceptable.

Derrière elle, Benoit l'encourage, toujours en murmurant :

— Oui, c'est ça, Anne, continue.

Ma mère prend de l'assurance.

— Maintenant, ramasse les fleurs, s'il te plaît.

Ma sœur ne bronche pas.

— Charlie, tu ramasses les fleurs immédiatement et tu les remets dans le vase ! Est-ce que c'est clair ?!

Toujours aucune réaction de ma sœur. Benoit et ma mère retournent se consulter dans le salon.

— Bon, je fais quoi, maintenant ?

— Donne-lui une punition. T'as pas le choix. Sinon tu la laisses gagner.
— OK, j'y vais.
Ma mère réapparaît, plus motivée que jamais à faire régner l'ordre dans la cuisine.

— Là, Charlie, je te préviens : la prochaine fois que ça se produit, ça va aller très mal !

Derrière elle, Benoit ferme les yeux en se massant le front.

— Non, Anne, ça, c'est pas une punition…

Ma mère continue sur sa lancée :

— Maintenant, Charlie, va réfléchir dans ta chambre !
— OK, je vais dans ma chambre. Mais pas parce que tu me l'ordonnes. J'y vais parce que je DÉCIDE d'y aller !
— Bon ben, c'est ça. Décide d'y aller. Et vite !

Charlie tourne les talons et sort de la cuisine. En passant devant moi, elle me fait un clin d'œil et un presque sourire.

À: Henri Bastien

CC:

De: FABfest

Sujet: Message du FABfest

Monsieur Bastien,

Monsieur Bastien, le comité de sélection du FABfest a révisé sa décision. Suite aux récents développements et à la croissance inattendue de votre chaîne, nous avons le plaisir de vous annoncer qu'il y a une place pour vous au festival qui aura lieu les 11 et 12 août prochains. Merci de confirmer votre participation dès que possible afin que nous puissions annoncer votre venue sur les réseaux sociaux.

À bientôt!

FABfest, sponsorisé par le lait Lactel.

FABFEST

Abonnés 1455

« Bonjour à vous. Je suis Henri. Aujourd'hui j'aimerais vous parler d'une tradition japonaise tout à fait inspirante. Ça s'appelle un jardin zen et je peux vous dire que c'est un gros coup de cœur pour moi, ces temps-ci. Un jardin zen, c'est un petit coin de paradis portatif que vous laissez sur votre table de chevet et qui vous permet de vous relaxer à tout moment, quand vous êtes tendus ou que la vie vous envoie une épreuve difficile.

» Pour réaliser votre jardin zen, il vous faudra :

- *Un arbre miniature de type bonzaï. (J'ai coupé une branche de la haie de cèdres du voisin après lui avoir demandé la permission.)*
- *Des cailloux. (J'ai pris quatre grosses billes qui traînaient au fond de ma garde-robe.)*

- *Du sable. (J'en ai trouvé dans un parc pour enfants près de chez moi.)*
- *Un mini-râteau. (Une vieux peigne avec les dents écartées fera l'affaire.)*
- *Une boîte. (J'avais une boîte dans la poubelle à papier.)*
- *Une statue de Bouddha. (Ma tante Lucie m'en a prêté une. Elle en a MILLE.)*

» Commencez par étendre le sable au fond de la boîte. Répartissez ensuite les autres éléments sur le sable. Quand vous êtes tendus ou stressés, prenez le petit râteau et peignez le sable pendant plusieurs minutes. Ou bien réaménagez votre jardin. Tout simplement. Cela vous plongera dans un état de pleine conscience. Résultats garantis !

» En terminant, je vous annonce en grande primeur que, les 11 et 12 août prochains, je serai présent au FABfest. J'espère vous retrouver en grand nombre. D'ici là, soyez en paix. Le bonheur est un jardin qui fleurit lorsqu'il est bien cultivé. Allez, à bientôt ! Namasté. »

Abonnés 1455

Richard_Béliveau

Le stress est un fléau social,
surtout après 40 ans

J'aime Commenter

87 👍

Kev77

Dire que t'as fini en disant Namasté. Lol.

J'aime Commenter

13 👍

Roka

Soyez en paix ! Hahahahahaha !!!!
Tu rigoles, hein ?

J'aime Commenter

12 👍

Le compte de Jacques et Lise

Mon conjoint et moi avons déjà
un jardin zen et les effets sont étonnants. Lise

J'aime Commenter

110 👍

Paix_54

Wow ! J'adore !!!

J'aime Commenter

81 👍

TommyD

Je pensais que t'étais le youtubeur
le plus yolo sur internet ! 😂

J'aime Commenter

« Maintenant vas-y! Rayonne! Rayonne!! »
- Extrait de « Apprendre à s'aimer quand même », de Micheline Michaud

HENRI À LA CONQUÊTE DE L'EUROPE DE L'EST

Dans deux semaines, je vais participer à un événement web chaud-bouillant. Je vais côtoyer des youtubeurs célèbres qui gagnent leur vie en faisant des vidéos. Norman, Squeezie, Natoo, Andy. En attendant, sur ma chaîne, l'effet Micheline Michaud continue de se faire sentir. Jamais je n'aurais cru qu'une chroniqueuse de *Bonjour, Salut !* pouvait avoir autant d'impact. Depuis qu'elle a parlé de moi à l'émission, mon compteur d'abonnés est en feu. Je reçois des dizaines de messages par jour, auxquels je réponds du mieux que je peux. Et ça vient de partout. Récemment j'ai même appris que j'avais un *follower* en Slovénie, un pays d'Europe de l'Est.

Malheureusement, dans le tourbillon des derniers jours, j'ai négligé un secteur crucial de ma vie personnelle. Je parle bien sûr de *Grey's Anatomy*, que j'ai regardé pour la dernière fois il y a plus d'une semaine. C'est inacceptable. Aujourd'hui, mon ami cinéphile et moi, on va rattraper le temps perdu. Justement, Chris Pratt est sur la terrasse avec Charlie. Étendu sur la table vitrée, il prend un bain de soleil, les yeux fermés, pendant que ma sœur le photographie avec le téléphone de ma mère.

— Charlie.
— Quoi ?
— Il est vraiment relax, ton iguane, hein ?
— Normal, c'est un Sagittaire.

— Tu as bientôt fini ? Je voudrais pas que Chris rate le dernier épisode de la saison 1 de *Grey's Anatomy.*
— Oublie ça. De un, je suis loin d'avoir fini. Et de deux, Chris a regardé assez de télé ces derniers temps. Tu penses pas ?

La scène qui se déroule devant moi est assez étrange. Charlie utilise son classeur d'anglais pour faire de l'ombre à son iguane-nain-surdoué-nouvellement-mannequin.

— Charlie, qu'est-ce tu fais ?
— Le classeur, c'est pour éviter que le soleil se reflète directement sur sa peau. Ça met son teint en valeur.
— Non. Je veux dire… tu fais quoi ?
— Un *shooting* photo, pourquoi ?
— C'est pas un peu intense, ton truc ?
— Henri, tu sais aussi bien que moi que la compétition est féroce sur les réseaux sociaux.
— C'est quoi, tu vas l'inscrire sur Facebook ?
— Je lui ai créé un compte Instagram.

Après une nouvelle série de clichés, Charlie dépose le téléphone et s'approche de Chris. Je la sens inquiète. Elle le regarde dans les yeux, tâtonne sa crête et son triple menton. Il réagit à peine. Ma sœur reprend son *shooting*, mais, après trois ou quatre prises, elle recommence à inspecter son iguane. Wow. Ce reptile est ULTRA relax. C'est du jamais-vu. Puis, tout à coup, Charlie prend Chris dans ses bras et se précipite dans la maison en criant :

— Maman ! Appelle une ambulance !

PROFITEZ DE L'ÉVÉNEMENT « ÉTÉ EN FOLIE » DANS VOTRE APPLE STORE

L'iPhone 7 : 600 € → 386,76 €

Un tout nouveau système de caméra. L'écran le plus éclatant de son histoire. Une performance et une autonomie jamais vues sur iPhone. Une résistance aux éclaboussures et à l'eau. Des haut-parleurs stéréo. Et un design à la hauteur de sa puissance.

DÉPÊCHEZ-VOUS ! L'OFFRE SE TERMINE DANS **2 JOURS.**

MA SŒUR ESSAIE DE NOYER SES HONEY LOOPS

Ça y est. Avec les huit toutous que j'ai lavés hier soir, j'ai maintenant assez d'argent pour réaliser mon rêve : posséder un iPhone 7. Et c'est aujourd'hui que ça se passe. Dans quelques heures, cette sombre époque de ma vie sera officiellement derrière moi. Comme les gens qui reviennent de la guerre ou qui ont vaincu le cancer, moi aussi je vais pouvoir dire que j'ai survécu à l'impossible. Il ne me reste qu'à passer chez Tam pour prendre ma dernière paye et ensuite filer au centre commercial pour l'ouverture des portes. Pendant que je mange mes gaufres avec enthousiasme, Charlie regarde flotter ses Honey Loops. Ses yeux sont cernés et ses cheveux, plus gras que d'habitude. Avec sa cuillère, elle appuie sur une alvéole au délicat petit goût de miel pour la faire disparaître sous la surface du lait.

— Ça va, Charlie ?

Chris a passé la nuit en observation chez le vétérinaire. Ce matin, ma sœur et ma mère sont allées le chercher. Visiblement, les nouvelles sont mauvaises.

— Chris souffre d'arythmie cardiaque. Pour les humains, c'est pas si grave mais, pour un iguane, ça peut être mortel.

— Ouais... c'est triste. Qu'est-ce que tu vas faire ?

— Il existe un traitement.

— Ah ben, c'est cool, non ?

— Maman veut pas. Elle dit que Chris a déjà coûté assez cher comme ça, et qu'elle a pas les moyens de payer pour le traitement.

— C'est combien ?

— Trois cent quarante-trois et trente-neuf.

Dès qu'elle prononce le prix, ma poitrine se contracte. Avec l'argent que j'ai gagné pour m'acheter l'iPhone 7, je pourrais payer le traitement de Chris et peut-être lui sauver la vie. En même temps, c'est mon argent. Je l'ai gagné en travaillant dur pour un salaire médiocre. Mais Charlie ne sait rien de tout ça. Elle ignore combien de billets de 5 € sont enfouis dans mes poches. Pour elle, il n'y a pas d'espoir. Elle a déjà fait son deuil. Je la serre dans mes bras. Elle se laisse tomber, lourde et molle comme une couverture en duvet d'oie.

— Merci, Henri. T'es vraiment gentil.

En ce moment, ma sœur croit que je suis le frère le plus gentil du monde. Moi, je sais que ce n'est pas vrai.

DARTH VADER EN VERSION CHIPMUNKS

Sur le gazon, devant chez lui, Tam est en maillot de bain. Il a sorti le tuyau d'arrosage et barbouille Bianca sans retenue avec un jet d'eau qu'elle essaie d'attraper en roulant sur elle-même. Elle a beau grogner, je la connais, elle adore ça. En me voyant descendre de mon vélo, Tam dépose le tuyau.

— *Yo*, Henri ! Laisse-moi deviner : tu viens chercher ta dernière paye, et tu vas DIRECT acheter ton nouveau téléphone.
— Exact !
— Hahahaha, je suis trop fort ! Bouge pas, je reviens.

Tam disparaît à l'intérieur de la maison. Je me penche vers Bianca et je tape dans mes mains.

— Viens, Bianca, viens me voir.

Elle accourt et me beurre le visage avec de grands coups de langue bien baveux. Je lui gratte l'arrière des oreilles. En passant mes doigts sur son dos, je sens ses côtes. Des touffes de poils mouillés restent collées à mes mains. Lorsque Bianca respire, sa gorge émet un cillement, un peu comme Darth Vader en version Chipmunks. Elle a pris un sacré coup de vieux depuis que je la connais. Pour la première fois, je réalise qu'un jour, elle ne sera plus là. Ça fait bizarre d'imaginer Tam sans son chien. Que fera-t-il sans ce vieux toutou maladroit, fan inconditionnel de sundaes au chocolat ? Tam ressort de chez lui avec une liasse de billets dans les mains. Il les compte une dernière fois avant de me les remettre.

— Tiens, Henri. Tu l'as bien mérité, mon gars.
— *Thanks.*
— Sans blague, grâce à toi, Tam Coquetterie Canine est en train de devenir un chef de file dans la région. T'es sûr que tu veux pas continuer ? T'aurais un bel avenir dans ce milieu-là, tu sais ?
— T'es gentil, Tam, mais j'ai lavé mon dernier chien avant un bout de temps. Là, il faut que je me concentre sur mes propres trucs.

J'enfonce les billets dans mes poches et je marche vers mon vélo pendant que Tam ramasse le tuyau et continue son jeu avec Bianca. En les regardant s'amuser, je repense à ma sœur et à son iguane chéri. Je revois Charlie, le regard vide, appuyer sur ses céréales avec sa cuillère.

Mes premiers coups de pédale sont difficiles à cause du gros paquet de billets qui gonfle mes poches. Après quelques mètres, je finis par m'habituer. Il faut que je me grouille : le magasin ouvre dans 20 minutes.

HEUREUX PROPRIÉTAIRE D'UN IPHONE FLAMBANT NEUF

Ça y est. Je suis l'heureux propriétaire d'un iPhone 7 flambant neuf. Sur le chemin du retour, j'ai essayé de garder mon calme, mais j'allais tellement vite dans la côte de la mort que je suis passé à un cheveu de rater le virage et de foncer droit dans le panneau.

Quand j'arrive à la maison, je vois que la porte-fenêtre est entrouverte. Dehors, Charlie joue au Boggle sur l'ordinateur de ma mère en écoutant de la musique. Chris Pratt est allongé à côté d'elle. Juste à le regarder, je suis rassuré. Cet iguane-là n'a pas l'air si mal en point. Il semble même plutôt en forme. Allez, Chris, encore quelques criquets riches en protéines, du sommeil et beaucoup d'eau et tu vas te remettre sur pied.

Je descends dans ma chambre et je commence à déballer mon téléphone. J'ai les mains qui tremblent et les doigts qui s'emmêlent, mais je finis par y arriver. L'iPhone 7 est maintenant devant moi. Je m'allonge sur mon lit et je parcours la banque infinie de fonds d'écran trop fous qui sont désormais à ma disposition. La définition de l'image est juste MALADE. Du jamais-vu dans l'histoire. Même le monde réel a l'air pixélisé à côté de ça.

UN TOURNEVIS DU FUTUR

Allongé sur le fauteuil flottant de ma mère, je me laisse porter par le courant délicat du filtre à eau. Il n'y a pas de bruit ; on n'entend même pas le grincement de la corde à linge rustique du voisin. Mon nouveau téléphone est bien en sécurité dans le porte-gobelet. Sa batterie est pleine à 100 %.

En attendant le FABfest, j'ai besoin de me relaxer. Tout est prêt. Ma mère va m'aider à préparer mon stand. J'ai créé une affiche trop stylée, sur un grand carton vert. J'ai tracé des lettres en 3D et mis plein d'autocollants ; l'effet est spectaculaire. Hier, après des semaines d'exfoliation rigoureuse, ma moustache a atteint son plein potentiel. Non, je ne suis pas inquiet. C'est l'attente qui me tue. Trois jours, c'est interminable.

Alors que je suis écrasé dans le fauteuil flottant, mon esprit divague. J'imagine tous les styles de barbe que je pourrai avoir quand je serai un adulte. Tout à coup, un rugissement m'arrache à ma rêverie. Le bruit vient du filtre. On dirait qu'il a avalé une tondeuse. J'utilise mes bras pour ramer jusqu'à la terrasse, je descends du fauteuil et j'entre dans la maison. Parmi les mille choses qui sont collées sur le frigo, je finis par trouver le Post-it où est marqué le numéro de Benoit. Il répond :

— Benoit St-Jean.

Quand il reçoit un appel, Benoit commence toujours par dire son propre nom. Je n'ai jamais compris pourquoi.

— Allo, Benoit, c'est Henri.
— Henri, qu'est-ce que je peux faire pour toi ?
— Le filtre de la piscine fait un bruit bizarre.
— Tu l'as inspecté ?
— Je sais pas comment.
— Dévisse le gros boulon qui est sur le dessus, et retire le joint.
— Le quoi ?
— Bouge pas, j'arrive.

En attendant Benoit, je vais dans ma chambre regarder des vidéos de Dude Perfect et de Squeezie. Vingt minutes plus tard, il frappe à ma porte. (Benoit, pas Squeezie. :p)

— Bon, je viens d'aller inspecter le filtre. Juste par le bruit que ça fait, c'est clair qu'il y a quelque chose de coincé à l'intérieur.
— Cool. Donc tu vas l'arranger ?
— Oh non ! C'est certainement pas moi qui vais réparer ça.
— C'est qui, alors ? On appelle un réparateur ?
— Toi.
— Moi ?
— Oui, toi.
— J'ai jamais fait ça. Et, en plus, je suis nul en sciences-techno.
— Je vais te montrer. Viens.

Quand j'arrive en haut, Benoit m'attend à côté de la piscine.

— Bon, la PREMIÈRE chose à faire à chaque fois qu'on touche au filtre, c'est d'éteindre la pompe. C'est EXTRÊMEMENT important.

On dirait qu'il a attendu toute sa vie pour dire cette phrase à quelqu'un. Je suis l'heureux élu. Benoit m'emmène sur le côté de la maison, où la pompe de la piscine est fixée au mur. Il me montre l'interrupteur.

— Regarde, l'interrupteur est juste là.
— C'est moi qui le fais ?

— Moi, je touche à rien, Henri. C'est toi qui vas le faire, de A à Z.

J'hésite un peu avant d'appuyer sur l'interrupteur. Aussitôt, le rugissement du filtre s'arrête et le silence revient. On retourne sur la terrasse, où Benoit a laissé son coffre à outils. Dedans, il y a des clés anglaises, des tournevis, des pinces et plein d'autres trucs qui ressemblent aux restes d'un robot démonté. C'est la première fois que je regarde à l'intérieur d'un vrai coffre à outils d'adulte. Benoit commence à fouiller dedans, mais son téléphone se met à vibrer. Il répond :

— Salut, ma belle. Oui, tu peux dîner là. Pas de problème. Je viens te chercher vers 9 h. Je t'aime.

Il raccroche et nos regards se croisent.

— C'était Noémie ?
— Oui.

Je formule ma prochaine question avec nonchalance. Comme quelqu'un de relax. Comme quelqu'un qui s'en fout.

— Elle était chez Dylan ?

Benoit fait « oui » de la tête. Il comprend ce que je ressens. Ça se voit. On reste là, sans parler, devant la piscine bleue et la pompe éteinte. Après un moment, Benoit ajoute seulement :

— Bon, allez, Henri, on a du boulot.

Il plonge ses mains dans le coffre et finit par dénicher une sorte de mini-tournevis du futur.

— Tiens, à toi l'honneur. T'as juste à dévisser le couvercle avec ça.

Benoit peut voir la satisfaction dans mes yeux quand j'insère le bout de la tige au milieu du couvercle du filtre.

— Tu vois ? C'est pas sorcier. Maintenant, la prochaine fois que ça arrivera, tu sauras comment faire. Je suis fier de toi, mon gars.

Le capuchon est enlevé. Je peux regarder à l'intérieur.

— Alors, Henri ? Tu vois quelque chose ?
— Euh… oui. Je pense que oui…

Je glisse ma main dans le filtre et j'agrippe le bout de tissu qui empêchait l'eau de passer et qui causait ce vacarme. Je vois tout de suite ce que c'est. Une jambe du pantalon de Benoit. Celui qui se transforme en bermuda.

— Eh ben, eh ben ! Comment ça a pu arriver là ?
— Aucune idée.

En vrai, je sais très bien comment ce morceau de pantalon a abouti dans le filtre. La coupable nous regarde par la fenêtre de la cuisine. Son sourire est aussi grand qu'une tranche de pastèque. À ses côtés, un iguane nain surdoué frotte ses pattes l'une contre l'autre en nous contemplant d'un œil diabolique.

FABfest

VIENS RENCONTRER TES YOUTUBEURS FAVORIS !

Norman, Squeezie, Natoo, Andy, EnjoyPhœnix, Girlyaddict, Emma Verde, Le Joueur du Grenier et plusieurs autres !

LE FABFEST, SPONSORISÉ PAR LE LAIT LACTEL.

PARCE QU'ON A TOUS BESOIN DE CALCIUM… MÊME LES YOUTUBEURS.

MA MÈRE + PINTEREST + LA FOIR'FOUILLE

Il est tôt et le soleil est encore caché derrière les gratte-ciels. La dernière fois que je me suis senti aussi fébrile, c'était en CM1, avant mon spectacle de flûte à bec. Aujourd'hui, ma célébrité a grimpé de quelques crans, mais l'émotion est la même. Sur le site du FABfest, des techniciens finissent de construire un chapiteau dont le toit rouge est complètement recouvert par une affiche publicitaire géante. En nous voyant arriver, une femme vient tout de suite à notre rencontre. Mi-vingtaine, cheveux courts, elle porte un jeans déchiré et de grosses lunettes à monture transparente.

— Bonjour, on peut vous aider ?
— Je suis ici pour le festival. Je suis… youtubeur, en fait.
— C'est quoi, ton nom ?
— Henri Bastien.

La femme aux lunettes invisibles sort son téléphone de sa poche et fait glisser son index sur l'écran. Un frisson me traverse quand je reconnais les courbes pures et racées du dernier iPhone X.

— Henri Oh my God ?
— C'est ça.
— OK, ton espace est juste là, à côté du bar à smoothies. Moi, c'est Kim. Hésite pas si t'as besoin de quelque chose.

Elle me donne cinq coupons.

— Tiens, chaque coupon te donne le droit à un berlingot de lait.
— Cool ! Quel format de berlingot ?
— Les moyens.
— Génial.

Benoit arrive avec du chocolat chaud et des viennoiseries. Après s'être bien rassasié, tout le monde se met au travail. Tante Lucie m'a prêté la table pliante qu'on utilise pour jouer aux cartes quand on va manger chez elle, pendant les fêtes. J'ai pris deux chaises de jardin dans le cabanon et j'ai retrouvé la nappe mauve que j'avais utilisée pour mon expo-sciences, en sixième année. Si j'ajoute les céleris au fromage de ma mère, tous les ingrédients sont réunis pour que mon événement soit SUPER AU TOP.

CHAISES DE JARDIN
+ NAPPE MAUVE
+ FROMAGE
+ CÉLERI
= AMBIANCE FESTIVE

Ma mère apparaît devant moi avec un sac rempli de petites fleurs en plastique. Elle le vide sur la table et dit fièrement :

— Tiens. Je suis allée à la Foir'Fouille et j'ai pris tout ce qu'ils avaient. C'est un concept que j'ai trouvé sur Pinterest ! Au lieu d'acheter des vraies fleurs… t'achètes des colliers hawaïens !

MA MÈRE
+ PINTEREST
+ LA FOIR'FOUILLE
= DANGER

VENEZ DÉCOUVRIR L'UNIVERS DE HENRI OMG, UN YOUTUBEUR INSPIRANT

DIY, life hacks, lâcher-prise, inspiration, vivre le moment présent, pranks, être soi-même, et plus encore !

1 500 ABONNÉS ET PLUS DE 17 000 VUES.

L'EAU A COULÉ SOUS LES PONTS DEPUIS LE DÉPART DE MAURICE

Le festival est officiellement commencé depuis 10 minutes. Le site est déjà rempli de fans qui attendent devant les stands de leurs youtubeurs préférés. La première personne à se présenter devant moi, c'est tante Lucie. Elle contourne la table et vient me donner deux bisous. Son parfum me reste collé dans les narines.

— J'ai amené les filles de mon cours de fitness. Elles étaient super excitées de venir. Elles sont toutes abonnées à ta chaîne !

Au sein de sa bande, je reconnais Denise Prudhomme, la très légendaire vendeuse du magasin de déco.

Lucie et ses amies ont ADORÉ mon DIY de jardin zen. C'est un de leurs gros coups de cœur déco. Après avoir pris quelques photos avec moi, elles sont allées envahir le stand d'Iron Mike, un gars qui fait des *vlogs* sur le jogging. La seule qui est restée, c'est Denise Prudhomme.

— Ça a été une épreuve difficile, pour moi…
— Hmm… je comprends.
— Mais tu sais, Henri, l'eau a coulé sous les ponts depuis le départ de Maurice.

Denise ravale un sanglot et poursuit son récit :

— Au début, ça a été très dur de pardonner. Pardonner à un homme qui n'est plus là, pardonner à un souvenir, comment est-ce possible ?

J'aimerais l'aider, mais je ne sais pas comment. Je suis figé devant elle et tout ce que je trouve à dire, c'est :

— Hmm… je comprends.
— Tout ça pour te dire que ta vidéo sur la visualisation m'a fait beaucoup de bien. Grâce à toi, j'ai pu créer un espace de lumière dans mon cœur, un havre de paix où je peux maintenant cultiver mon petit jardin de bonheur.
— Wow. Ben… euh… merci. C'est vraiment cool pour vous.
— Tu sais, Henri, l'amour de soi, c'est aussi important que l'amour de l'autre.
— OK.

Pendant que Denise continue de me raconter les étapes de son cheminement vers l'acceptation de soi, un autre de mes abonnés les plus fidèles fait son apparition.

— Bonjour, Henri ! Comment vas-tu, mon grand ?
— Bonjour, monsieur Blanchette.
— Les petites fleurs autour de ton stand, c'est absolument magnifique.
— Merci, monsieur. C'est une idée de ma…

Il ne m'écoute plus. À côté de lui, Denise Prudhomme est en train de fouiller dans son sac à main. Monsieur Blanchette la regarde d'une façon étrange. Il y a dans ses yeux comme une sorte de tendresse.

— Denise ?

Sa voix a tremblé. Denise tourne la tête. Elle analyse son visage en cherchant dans sa mémoire. Ça y est, elle a trouvé.

— Pierre ?
— Ça fait si longtemps.
— Mon Dieu, oui.
— Je savais que ce jour viendrait.

Je viens de comprendre. C'est LA Denise de monsieur Blanchette. Cet amour d'adolescence dont il n'arrêtait pas de parler quand j'allais dans son bureau. Denise Prudhomme, à qui il n'a jamais dit : « Je t'aime. »

— Et toi, Denise, qu'est-ce que tu deviens ?
— Je prends la vie un jour à la fois.

Ils s'éloignent en marchant doucement. Malgré le *dubstep** et les jeunes qui courent partout sans regarder où ils vont, malgré les files d'attente sans fin et les publicités géantes pour le lait au chocolat, Pierre et Denise sont seuls au monde.

* *Dubstep* - Genre de musique électronique.

Abonnés **1548**

« Salut, tout le monde ! Je suis actuellement en live du FABfest, le seul vrai festival de youtubeurs ! Je vous le dis, ici, c'est malade ! Y a déjà plein de monde, c'est la folie. Si vous voulez venir faire un tour, c'est le moment ou jamais. Et en plus, j'ai une offre spéciale pour vous. Les cinq prochains abonnés qui se présenteront à mon stand recevront un berlingot de lait gratuit !... Je vous attends ! »

David Therrien

Nah, c'est trop loin de chez nous.

J'aime Commenter

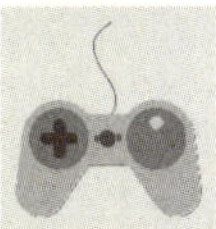

Jackson Beaulieu

Man, j'aurais tellement voulu venir mais je ne suis pas chez moi… ☹

J'aime Commenter

Raphaëlle Vézina-Racine

Trop de boulot ☹

J'aime Commenter

Jean-Robert Lemieux-Rivard

jpx paș.

J'aime Commenter

Matteo Leito

C'est quoi le format des berlingots ?
Des petits ?

J'aime Commenter

Henri Bastien

Non, des moyens ☺

J'aime Commenter

Matteo Leito

Cool. Mais je peux pas. Dsl.

J'aime Commenter

UN CLIENT À HAUT POTENTIEL

Lucie est revenue avec ses amies du cours de fitness pour prendre une photo de groupe. Quand elle m'a demandé si j'avais vu son beau monsieur Blanchette, j'ai répondu non même si je savais qu'il vivait un moment romantique avec Denise derrière les toilettes chimiques. Lucie et ses copines sont ensuite allées manger au restaurant.

Sinon, ce matin, il y a eu pas mal de monde à mon stand. Surtout des passionnés d'horticulture, de yoga, et de choses inspirantes. On a fait des selfies, j'ai signé des autographes. Normalement, je devrais être fou de joie, mais la vérité, c'est qu'ils avaient trois fois mon âge. Pas un seul de mes amis, ni aucun de mes premiers abonnés n'est venu. Où sont les vrais de vrais fans d'Henri OMG ? Ceux qui me suivent depuis le tout début et qui m'ont supporté dans les moments difficiles.

Un taxi minivan s'arrête devant mon stand. La porte s'ouvre et je reconnais le seul et unique Tam Gauthier-Hung. Après être descendu, Tam prend du matériel dans le coffre du taxi et paie le chauffeur avec une pile de billets de 20 €.

— *Yo*, Tam ! T'es venu, finalement !

On a eu nos désaccords, mais je suis content de voir que les choses s'arrangent. C'est ça, les vrais amis. Merci, Tam, d'être dans ma vie.

Tam dépose son matériel et commence à installer un stand juste à côté du mien.

— Tam, qu'est-ce que tu fais ?
— Je viens représenter mon nouveau client.
— Ton nouveau client ?
— *Yes*. Un client à haut potentiel. J'ai des gros projets pour lui. Tu me prêtes ta chaise ?

Tam grimpe sur ma chaise et déroule une banderole qu'il fixe au mur, derrière nous.

VIVEZ L'IGUANOMANIE!!

Avec **Chris Pratt**

L'iguane de l'heure sur Instagram

DÉJÀ PLUS DE 100 ABONNÉS

Suivez aussi ses aventures sur Facebook, Twitter et Snapchat!

Une production Tam Média

L'IGUANOMANIE

Depuis tout à l'heure, le stand de Chris Pratt grouille de monde. La file de fans qui veulent prendre des selfies avec lui n'arrête pas de s'allonger. Bien sûr, ils doivent faire approuver la photo par son agent : Tam Gauthier-Hung.

— Soyez parmi les premiers au monde à faire un selfie avec Chris Pratt, l'iguane nain ! Chris Pratt, le prochain Grumpy Cat !

Même les youtubeurs Norman et Squeezie ont pris part à l'iguanomanie. Squeezie a filmé une capsule live qui a attiré une tonne de monde, et Norman vient de publier une *story* sur Instagram, avec Chris comme personnage principal. J'ai vu des gens lui lancer des M&M's et du popcorn. Quand Chris les attrapait, ils applaudissaient et les yeux de Tam lançaient des étincelles de triomphe. Soudain, un puissant cri jaillit de la foule. Un cri que je reconnais tout de suite pour l'avoir entendu des dizaines de fois. Mais jamais aussi fort qu'aujourd'hui.

QUELQUES ANIMAUX POPULAIRES SUR INTERNET

GRUMPY CAT : Figure légendaire du web. 1 million d'abonnés sur Facebook

Sockington le chat : 1,4 millions d'abonnés sur Twitter

Biddy le hérisson (décédé en 2015) : 300 000 abonnés sur Instagram.

Menswear dog : 350 000 abonnés sur Instagram

Hamilton le chat hipster : 800 000 abonnés sur Instagram

Doudoune, l'éléphant (décédée en 2012) : Aucun abonné mais digne ambassadrice des éléphants de notre zoo, de 1985 à sa mort

PAS BESOIN DE S'APPELER « DOCTEUR HOUSE »

C'est la consternation chez les iguanomaniaques. Tous les regards sont dirigés vers Charlie, qui s'est agenouillée devant son iguane inerte.

— Chris ! Chris ! Mon petit chou, réveille-toi. Maman est là. Chris, s'il te plaît, accroche-toi !

À côté d'elle, Tam est en train d'appeler le vétérinaire.

— Oui. Envoyez une ambulance immédiatement. C'est pour mon client !

Pendant que Tam continue de gesticuler, la foule vient se regrouper autour du pauvre iguane. Chacun y va de son diagnostic. Mais pas besoin de s'appeler « docteur House » pour comprendre ce qui vient de se passer. Chris Pratt… est mort.

CI-GÎT
CHRIS PRATT
IGUANE-NAIN-SURDOUÉ-
CINÉPHILE-INSTAGRAMEUR-
SAGITTAIRE

QUATRE CONTRE ZÉRO POUR LE PACINI

Le vétérinaire d'urgence a constaté le décès de Chris Pratt à 16 h 17. Il a ensuite mis le corps dans un sac hermétique, avant de sauter dans un taxi. Ça a grandement simplifié les choses, avouons-le. Qu'est-ce qu'on aurait fait, sinon ? Charlie aurait voulu rapporter Chris à la maison. Elle l'aurait exposé dans le salon pendant une demi-journée et aurait insisté pour qu'on l'enterre sous la terrasse ?

En revenant du FABfest, Benoit a eu envie de s'arrêter manger quelque part. On a voté à quatre contre zéro pour le Pacini. En attendant les assiettes, je me rends au bar à pain et je fais griller deux tranches beurrées des deux côtés, selon ma technique révolutionnaire.

— Tu as fini avec le couteau ?

C'est Charlie. Je l'évite depuis le début de la soirée. Je ne sais pas quoi lui dire. Et surtout, je me sens con. Vraiment con. Je lui tends le couteau mais, au lieu de m'enfuir avec mes deux pains, je reste là.

— Tu sais, Charlie, je comprends que tu sois fâchée contre moi, j'ai été stupide.
— Pourquoi je serais fâchée contre toi ?
— Ben, à cause de Chris... Avec l'argent de mon iPhone, j'aurais pu payer son traitement. Et j'aurais dû le faire. J'ai été égoïste. Je suis désolé.

Elle me regarde en fronçant les yeux. Un réseau de plis apparaît sur la peau de son front, au-dessus de ses grosses lunettes.

— Voyons, Henri, ça n'a rien à voir. Chris est mort parce qu'un de ses fans lui a donné du popcorn. Il s'est étouffé avec.
— C'est vrai ?
— Ouais. Et, de toute façon, c'est de ma faute. J'aurais jamais dû essayer d'en faire une vedette. Il était trop sensible pour ça.

Charlie dépose son pain sur la grille.

— En tout cas, Charlie, je veux que tu saches que Chris, c'était vraiment quelqu'un de bien. Et c'est triste, qu'il soit mort.
— Merci.

On regarde le pain griller, sans parler. À la mémoire du bon vieux Chris.

Une brume d'ail et de tomates séchées s'élève maintenant au-dessus du grill. Charlie pointe un doigt vers mon pain.

— Au moins, ce coup- ci, t'as pas fait griller ton portable…

Je n'ai pas super envie de rire.

— Ça va, frère ?
— Je sais pas. On dirait que je me sens encore vraiment nul.
— Écoute, si ça peut t'aider à te sentir mieux… 10 parties de scrabble, et on est quittes.

Cette fois-ci, elle m'a eu. Je souris.

— Franchement, Charlie. Dix, c'est de l'abus.
— Neuf.
— Cinq.
— Huit. Dernière offre.

UN THERMOS DE LUXE

Depuis quelques jours, l'ambiance à la maison est plutôt relax. Le lendemain du FABfest, on est allés au Super Aqua Club tous ensemble. Benoit et Charlie ont fait la glissade ULTRA à pic. Moi, j'ai passé la journée dans la piscine à vagues avec Noémie et ma mère. Ces deux-là sont en train de développer une chimie d'enfer. Hier, elles sont allées faire du shopping. Même que Noémie porte en ce moment une veste en jeans style bohème que ma mère lui a donnée.

Depuis que Chris Pratt n'est plus là, Charlie semble avoir abandonné la lutte contre Benoit. Ce matin, elle a prévu une petite cérémonie à la mémoire de son reptile favori. Si ça permet à ma sœur de retrouver un peu de paix intérieure, alors pourquoi pas ? Perso, je commençais à bien l'aimer, ce cher Chris. J'aurai une pensée pour lui chaque fois que j'entendrai le générique de *Grey's Anatomy*.

Charlie a choisi de commémorer le décès de son jeune iguane sur la terrasse, un lieu que Chris affectionnait particulièrement. Pour l'occasion, elle a préparé une *playlist* de chansons avec des textes profonds et de la musique qui favorise le recueillement. On est tous là, debout à côté de la piscine et on attend que ma sœur soit prête à faire son discours. Au dernier moment, Charlie disparaît dans la maison et réapparaît avec un sac en tissu noir qu'elle pose par terre devant nous. Elle s'agenouille et sort un objet du sac. C'est une sorte de contenant en métal turquoise, avec un couvercle. On dirait un thermos de luxe. Une étiquette est collée dessus. Je me penche pour lire :

CENDRES DE CHRIS PRATT

Pour commencer la cérémonie, on prend la parole chacun notre tour pour nommer une chose qu'on appréciait chez Chris. Au début, tout le monde trouve ça un peu bizarre, mais on finit par y arriver, sans perdre notre sérieux.

« SA PERSONNALITÉ ÉTAIT UNIQUE. »
- CHARLIE BASTIEN

« MA FILLE S'ÉPANOUISSAIT À SON CONTACT. »
- ANNE FRANCŒUR

« IL ME FAISAIT TROP RIRE. »
- NOÉMIE AUDET ST-JEAN

« C'ÉTAIT UN SACRÉ CINÉPHILE. »
- HENRI F. BASTIEN

Quand son tour arrive, Benoit se racle la gorge et prend un air sérieux. Peut-être un peu trop sérieux…

— Moi, j'avoue que, le petit Chris, je le trouvais assez appétissant, merci… Ben non, c'est une blague !!! Hahaha ! Charlie, attends…

Trop tard. Charlie a déjà ramassé le thermos de luxe et elle court s'enfermer dans sa chambre. Benoit essaie de la rattraper, mais il se heurte à une porte fermée.

— Excuse-moi, Charlie ! C'était plus fort que moi… C'était une blague, voyons… Ne le prends pas comme ça.

Pas de réponse.

— Charlie… je suis vraiment désolé…

Après cinq minutes à s'excuser dans le vide, Benoit abandonne. Il revient, déçu, dans le salon et se fait consoler par ma mère.

Abonnés 1643

Message envoyé par Henri Bastien

Hey, No, sa va ? ☺

J'aime Commenter

Message envoyé par Noémie Audet St-Jean

Henri ☺ Oui, ÇA va. Lol.

J'aime Commenter

Message envoyé par Henri Bastien

☺☺☺ J'ai besoin de quelqu'un pour m'aider avec une vidéo. Es-tu dispo genre maintenant ?

J'aime Commenter

Message envoyé par Noémie Audet St-Jean

Oui ! Ça me tente !

J'aime Commenter

Message envoyé par Henri Bastien

Prends ton vélo et rejoins-moi au parc, en haut de la côte de la mort.

J'aime Commenter

Message envoyé par Noémie Audet St-Jean

Ok, j'arrive !

J'aime Commenter

UNE ODEUR DE VIANDE GRILLÉE ET DE PELOUSE FRAÎCHE

Quand j'atteins le sommet de la côte de la mort, Noémie est déjà là. Des mèches de cheveux bruns s'échappent de son casque. Ses joues sont roses d'avoir autant pédalé. Elle vient à ma rencontre et on commence à traverser le parc, en poussant nos vélos. Noémie me parle d'une audition qu'elle a passée pour un rôle dans une pub de pain. Je lui raconte mes aventures de toiletteur canin. Elle rit. Ça faisait longtemps.

Autour de nous, les ombres ont commencé à s'allonger. À une table de pique-nique, un père de famille fait cuire des hamburgers sur un barbecue. Ça sent la viande grillée et la pelouse fraîchement coupée. Plus loin, des gens fêtent un anniversaire. Des ballons sont suspendus aux arbres, ainsi qu'une pinata géante de Pat Patrouille. On finit par trouver un endroit plus tranquille, avec vue sur la ville. Noémie dépose son vélo à côté du mien.

— Alors, Henri, c'est quoi, ta vidéo ?

— OK, je t'explique mon concept. Je voudrais que tu me filmes en tournant autour de moi. Ça va créer un effet dynamique à couper le souffle. Plein de gens font ça sur internet, et c'est vraiment beau.

Noémie semble sincèrement impressionnée par ma vision de réalisation. Derrière moi, au loin, on voit la piscine municipale et le terrain de baseball. J'imagine déjà l'effet que ça va créer, avec les rayons du soleil qui traversent la lentille de mon iPhone 7.

« Bonjour à vous. Je suis Henri. Aujourd'hui, j'aimerais vous faire part d'une belle inspiration que j'ai eue dernièrement. Un flash qui m'est venu de l'intérieur. Vous savez, des fois, la vie place des épreuves sur votre chemin... »

J'ai perdu ma concentration. Devant moi, Noémie a un drôle d'air. Sa bouche est crispée. On dirait qu'elle va s'étouffer.

— Ça va, No ?
— Oui, oui, excuse-moi. Vas-y, continue…

Elle recommence à filmer, toujours en tournant autour de moi. Je retrouve mes bonnes vibrations et je reprends :

« Vous savez, des fois, lorsqu'on est pris dans le tumulte du quotidien, on a tendance à oublier toute la chance qu'on a. Aujourd'hui, j'ai envie qu'on prenne un moment pour dire "merci la vie "... »

OK, Noémie a clairement envie de rire.

— Ben voyons, No, qu'est-ce qu'il y a de drôle ?
— Rien, rien, excuse-moi. Tu peux y aller…
— Non, sans blague, pourquoi tu ris ? J'ai fait quelque chose ?
— Non, je suis désolée, Henri, c'est juste que…

Elle est mal à l'aise.

— C'est juste que quoi ?
— C'est juste que… Merci la vie… C'est pas toi, ça.
— Comment ça, c'est pas moi ?
— C'est pas ton genre… Et « bonjour à vous », « je suis Henri », c'est un peu bizarre.
— Bizarre ?
— Ouais. On dirait un présentateur de journal.

Noémie prend un moment pour penser à ce qu'elle va dire.

— Tu sais, Henri, sur YouTube, des vidéos d'inspiration, il y en a déjà une tonne. Mais des Henri Oh my God, par contre, il y en a juste un. Et c'est lui qu'on aime. C'est lui que tes abonnés veulent voir.
— Tu penses ?
— J'en suis certaine, Henri.

Le soleil continue de descendre. Il pose ses rayons couleur pêche sur la vie qui fourmille autour de nous. La fumée des barbecues, les gâteaux d'anniversaire, nos vélos étendus dans l'herbe.

— Noémie…
— Quoi ?
— Pourquoi personne me l'a dit, que mes vidéos étaient bizarres ?
— Je sais pas. Des fois, les gens veulent pas faire de peine.

Un ballon de foot roule près de nous, pourchassé par deux petits garçons et un chien caramel.

— En tout cas, merci. Merci de me l'avoir dit.
— De rien. Ça sert à ça, les amis…

L'AMITIÉ
DES FOIS, C'EST
MIEUX QUE RIEN

HOMME DES BOIS RECHERCHE FEMME DISCRÈTE

Noémie et moi, on dévale la grande côte en vélo. Le soir vient de tomber, mes bras ont la chair de poule, mais c'est tout simplement sensass. On pédale jusque chez moi, où nos parents sont censés nous attendre pour une soirée cinéma. Mais quand on arrive, l'ambiance est étrange. Dans la cuisine, Benoit et ma mère ne disent rien. Ma mère a les yeux bouffis. Noémie remplit deux verres de lait, je prends une boîte d'Oreo dans le garde-manger et on descend au sous-sol. Devant la porte de ma chambre, je m'arrête et je regarde Noémie. Elle aussi sait très bien ce qui se passe. Sans faire de bruit, on rebrousse chemin et on s'assoit dans les escaliers. Benoit et ma mère recommencent à parler. Ils chuchotent, mais on comprend parfaitement ce qu'ils disent.

— Anne, voyons, penses-tu vraiment que j'aurais fait ça ? Franchement !

Ma mère ne répond pas. Après un long silence, Benoit ajoute :

— Mon amour, tu le sais que c'est pas mon genre, voyons !

— Benoit, ne me touche pas !

Au début, j'ai de la difficulté à suivre. Puis, peu à peu, je réussis à recoller les bribes de l'histoire, et la situation s'éclaircit. Il est question d'un compte Célibataire Premium que Benoit aurait ouvert récemment.

CÉLIBATAIRE PREMIUM
HOMME DES BOIS RECHERCHE FEMME DISCRÈTE POUR AVENTURE SAUVAGE.
7 femmes ont consulté votre profil aujourd'hui

Selon ce que je comprends, il s'est connecté plusieurs fois à son compte depuis l'ordinateur de ma mère. À cause de ça, elle reçoit une notification chaque fois qu'une « femme discrète » flashe sur le profil de Benoit l'homme des bois. C'est toute l'info que j'ai pour l'instant, mais ça me suffit amplement pour comprendre que ce gars-là n'a pas sa place aux côtés de ma douce maman. Je ne sais pas ce qui me retient d'aller le foutre à la porte moi-même.

Ça fait un bon moment que j'entends juste ma mère renifler. Je ne sais pas ce que Benoit est en train de faire. Puis, après plusieurs minutes, je l'entends ramasser son trousseau de clés sur la table du salon. Avant de sortir, il dit simplement :

— Anne, s'il te plaît, fais pas ça.

Ma mère ne dit rien et Benoit sort de la maison. Il y a un long silence, puis j'entends l'eau du robinet de l'évier couler. Ma mère se remplit un verre. Ou peut-être qu'elle s'asperge le visage pour retrouver un peu de vitalité après ce qu'elle vient de découvrir au sujet de Benoit. Le glissement de la porte-fenêtre. Ma mère est sortie. J'imagine qu'elle fixe l'horizon, comme elle le fait chaque fois que son couple s'effondre. C'est une question de minutes avant qu'elle sorte le sac de Doritos.

— Je suis désolé, No, pour de vrai.

Le regard de Noémie est perdu quelque part dans le pays des familles brisées. Le pays des dîners silencieux et des Noëls tristes. Elle renifle.

— Je comprends pas… Un site de rencontre. C'est pas le genre de mon père. Avoue. En plus, il est super amoureux de ta mère.
— Hmm… j'avoue.

On se regarde. On a le même suspect en tête.

— Charlie…

Des flaques d'eau salée commencent à remplir le coin de ses yeux. Je me lève.

— Bouge pas, No, je m'en occupe.

Je remonte les escaliers pendant que Noémie reste là, la tête enfouie dans le creux de ses mains. Ses cheveux débordent par-dessus ses doigts. Elle pleure.

LE FANTÔME DE CHRIS PRATT

— Oublie ça, il est pas question que j'aille me dénoncer.

Charlie m'a répondu sans quitter des yeux la revue *Science & Vie Junior* qu'elle lit depuis que je suis entré dans sa chambre.

— Je pardonnerai JAMAIS à Benoit d'avoir gâché les funérailles de Chris.
— Charlie, voyons, t'es en train de briser notre famille !
— C'est pas mon problème. Et c'est pas ma famille.

Elle tourne la page de sa revue et ajoute :

— De toute façon, c'est ça que tu voulais, non ? Toi et Noémie, vous pouvez sortir ensemble, maintenant. La voie est libre.

Pendant que Charlie continue de lire son magazine, je regarde autour de moi. Les affaires de Chris Pratt n'ont pas bougé. Pourtant, ça fait déjà une semaine qu'il nous a quittés. Dans le vivarium, la lumière UV est allumée. La boîte de criquets est encore posée sur l'étagère, à côté du programme intensif de stimulation quotidienne. La blessure causée par le départ de Chris est encore vive. Ça ne sert à rien de négocier avec Charlie en ce moment.

SES YEUX ROUGIS ET SON TEINT BEURRE DE POIRE

Dès qu'elle m'entend ouvrir la porte coulissante, ma mère éteint sa cigarette et la jette subtilement en bas de la terrasse.

— Salut, mon grand.

Ses yeux brillent plus que d'habitude. Elle a pleuré.

— Maman, fais pas ça.
— Quoi, mon trésor ?
— Il faut pas que tu quittes Benoit.

Elle sourit tristement et recommence à fixer au loin.

— Tu sais, Henri, des fois, les adultes…
— C'est pas Benoit qui a ouvert le compte sur Célibataire Premium.

Son visage vient de changer. Elle se demande comment j'ai fait pour obtenir toutes ces infos secrètes en si peu de temps. T'inquiète, maman, j'ai mes contacts.

— T'es gentil, Henri, mais…
— Je te jure. C'est pas de sa faute. C'est pas Benoit qui a fait ça, maman…
— C'est qui, alors ?
— C'est moi.

Ma mère est confuse. Elle ne s'y attendait pas.

— Voyons… Pourquoi t'as fait ça ?

Je suis venu ici tout de suite après avoir parlé à Charlie. Je n'étais pas prêt pour cette question. Alors, je réponds la première chose qui me vient en tête :

— Je… je me disais que si vous vous sépariez, on pourrait passer plus de temps ensemble, tous les trois. Comme avant.

Ma mère me regarde pendant un moment, puis elle sort son téléphone et compose un numéro.

— Allo, Benoit, c'est moi… Henri voudrait te parler. Oui… Je te le passe.

Après avoir reçu mes excuses, Benoit ne réagit pas tout de suite. Il prend une longue respiration et répond, avec une voix plus douce que d'habitude :

— OK.

Je rends le téléphone à ma mère. Elle le garde à son oreille et descend sur le gazon pour que je n'entende pas ce qu'elle dit. Mais j'entends quand même.

— Non, je sais pas ce qui lui a pris… Je suis tellement désolée, mon amour.

La porte-fenêtre est entrouverte. Quand je reviens à l'intérieur, je vois Noémie debout dans la cuisine. Ses yeux rougis et son teint beurre de poire s'agencent parfaitement avec le calendrier « légumes d'automne » accroché au frigo. Je sais qu'elle a tout entendu. Mais, surtout, qu'elle a tout compris. On reste là, sans parler, puis Noémie s'avance vers moi. Mes doigts effleurent sa veste en jeans. Elle pose sa tête sur ma poitrine. Il y a quelque chose de différent dans sa façon de me serrer contre elle. Son corps complètement abandonné. La chaleur de son souffle dans mon cou. Au bout d'un moment, elle murmure à mon oreille.

— Henri, t'es vraiment quelqu'un d'extraordinaire.

Ces mots qu'elle vient de chuchoter. Ce n'est pas le genre de mots qu'une demi-sœur dirait à son demi-frère. C'est bien plus que ça.

BON, ÇA Y EST.
POUR SAVOIR S'ILS
VONT S'EMBRASSER
JE VAIS ENCORE
DEVOIR ATTENDRE
LE PROCHAIN TOME

FIN

LEXIQUE

Dubstep – Genre de musique électronique.

Prospect – Personne digne d'intérêt, client potentiel.

Thumbs up – Pouce levé, pouce en l'air.

Yolo – Abréviation de l'expression anglaise « You Only Live Once » qui signifie « on ne vit qu'une fois ».

LEXIQUE DES TOMES PRÉCÉDENTS

DIY – Abréviation de « *Do It Yourself* » signifiant en français « fais-le toi-même ».

Life hack – Astuce qui facilite la vie.

Prank – Farce, blague, plaisanterie destinée à faire rire aux dépens de quelqu'un.

REMERCIEMENTS

À ma femme Laurence, conseillère de première ligne et diplômée en blagologie. À Pierre, Martin et toute l'équipe de la Bagnole. À Noémie Lacerte, Flavie, Nolan, Xavier, Victor et Josianne. Sans oublier les élèves de 3e cycle de l'école des Nations. Merci.

CRÉDITS PHOTOS

WIKIPEDIA.ORG
PAGE 197 : Gage Skidmore

PIXABAY.COM
PAGES 7, 8, 30, 1, 60, 61, 62, 76, 94, 103, 104, 116, 117, 122, 141, 128, 163, 189, 190, 197, 207

SHUTTERSTOCK.COM
PAGES 17, 19, 20, 21, 32, 33, 36, 38, 39, 42, 45, 46, 56, 60, 65, 66, 75, 76, 84, 92, 98, 101, 105, 109, 119, 122, 123, 125, 126, 130, 132, 136, 139, 141, 142, 144, 147, 150, 164, 165, 166, 167, 175, 192, 193, 194, 197, 199, 202, 205, 213, 221

IMGFLIP.COM
PAGES 14, 49, 50, 68, 80, 87, 88, 113, 115, 154, 160, 195